呵护婚姻的法商、情商和逆商

雷　莉　张　健　陈晓莲　陈立彤◎著

中国法制出版社
CHINA LEGAL PUBLISHING HOUSE

目 录

01 第一篇 婚姻模式

良性婚姻，是指夫妻双方联结合作，共同成长，彼此成就，建立在健康依恋基础之上的可良性循环的婚姻模式。而在非良性婚姻中，双方则呈现不健康的依恋状态，付出和索取状态长期失衡，缺乏信任与合作的意识，缺乏共同的生活目标，无法保持同步成长。随着各自心理需求的改变，矛盾和冲突日益凸显，呈现恶性循环状态。

02 第二篇 呵护婚姻的法商

法商是法律意识、法律知识、守法习惯等法律素养的总和。具备法商，会让我们的婚姻更加和谐，让感情进一步加深。具备法商，会让我们了解自己的

03 第三篇 呵护婚姻的情商

婚姻情商是指一个人在婚姻关系中对自己和伴侣有着清晰的认知和了解，可以和伴侣和谐相处，妥善处理婚姻关系中的差异与冲突，满足伴侣的心理需求，为伴侣提供良好的情绪价值，能够在亲密与界限中达成平衡，并能在婚姻关系中起到主导和引领的作用，实现坚固、稳定的情感联结与心理依恋的能力。

04 第四篇 呵护婚姻的逆商

逆商，它是扭转逆境的一种能力。婚姻中也有逆境，在本书中主要包括情感逆境、生理逆境、财务逆境和法律逆境，毫无疑问，这四种逆境也需要逆商来扭转。那么婚姻中的逆商具体指什么？它们又是如何帮助人们扭转婚姻逆境的？我们通过一些案例来做分析。

01

第一篇 婚姻模式

良性婚姻，是指夫妻双方联结合作，共同成长，彼此成就，建立在健康依恋基础之上的可良性循环的婚姻模式。而在非良性婚姻中，双方则呈现不健康的依恋状态，付出和索取状态长期失衡，缺乏信任与合作的意识，缺乏共同的生活目标，无法保持同步成长。随着各自心理需求的改变，矛盾和冲突日益凸显，呈现恶性循环状态。

第一章 良性婚姻模式与非良性婚姻模式

第一节 | 良性婚姻模式：伴侣型亲密关系模式

伴侣型的夫妻通常在家庭背景、职业、收入、受教育程度、意识水平、社会经验，或者年龄外形、兴趣爱好等方面大体称得上旗鼓相当。这种类型的夫妻关系可以像恋人、朋友、伙伴，彼此之间的情感联结和心理依恋较深，他们在意相互之间的尊重、平等，彼此重视，真诚关怀对方，也最容易相互扶持，共同进步，感情常和事业齐头并进，婚姻往往稳定而长久。因此，伴侣型亲密关系模式属于良性婚姻模式。

布朗宁与巴莱特：爱的力量创造奇迹

伊丽莎白·巴莱特·布朗宁，又称布朗宁夫人或白朗宁夫人，是英国维多利亚时代著名的诗人之一。15岁，她骑马不幸跌损了脊椎，从此，下肢瘫痪达24年。在她39岁那年，结识了诗人罗伯特·布朗宁，由此谱写了英国文学史上具有诗意的爱情奇迹。

1845年，长期瘫痪在床的伊丽莎白·巴莱特在英国诗坛声名鹊起。诗人罗伯特·布朗宁给女诗人写了一封信，大胆地对她说："我爱极了你的诗篇——而我也同时爱着你……"罗伯特·布朗宁于1845年5月第一次去看望了她，3天后，抑制不住强烈感情的布朗宁就给女诗人写了一封求婚信。

伊丽莎白·巴莱特比罗伯特·布朗宁年长6岁，尽管39岁的她此时躺在床上已有 24 年了，尽管她不敢完全相信罗伯特·布朗宁会像他宣称的那样真正地去爱着她，尽管犹如暴君的父亲完全不同意她的婚姻，但她还是勇敢地投入了布朗宁的怀抱。布朗宁帮她摆脱了惊慌、疑虑、哀怨，扶着她一步步来到了阳光底下。她动荡不安的感情逐渐变得稳定，她对人生开始有了信心，产生了眷恋。未来的幸福，不再是一团强烈的幻光，叫她不敢直视，不敢伸出手去碰一下。她敢于通过爱情来报答爱情了。

这份爱情使她奇迹般地重新站了起来。在病室中被禁锢了 24 年之后，她终于可以凭借自己的双脚重新走到阳光下了。

从 1847 年开始，布朗宁夫妇在意大利度过了 15 年幸福的生活。就在那一年，布朗宁夫人写出了自莎士比亚以来最出色的十四行诗。1861 年的一个夜晚，她在他温暖的怀抱中平静而安详地去世。

第二节 ❙ 非良性婚姻模式：母子型亲密关系模式

母子型亲密关系模式通常是指女方在生理和心理层面比男方更加成熟，她们习惯于在婚姻中付出更多，特别是在生活层面能够给予对方无微不至的关怀和照顾；在心理层面也能够给予对方更多的理解、包容与支持。在感觉上很像是“妈妈”和“儿子”之间的相处状态，也类似大众传统意义上对“贤妻良母”的定义。这种模式通常在婚姻的初期状态不错，男方享受女方如母亲般的关心和照顾，女方也在付出中获得了价值感和重要的关系位置。但随着关系的深入，过度付出的女方在长期得不到对方的回报后，会开始抱怨和指责，或者是更多地干预、控制和打压，导致男方开始呈现类似青春期逆反的状态，开始渴望挣脱对方的束缚，向往更多的自由，甚至外求，寻找被认可、被崇拜的平衡感。

母子型亲密关系中还隐藏着一种不容易被察觉的状态，那就是扮演“妈妈”的一方在付出，或者指导对方应该怎样，怎样才是好的，怎样才是对的过程中获得一种权力的掌控感。这种权力的掌控感是一种比较高的心理位置，很容易让掌握权力的一方有种累并享受着的状态。这也是母子型亲密关系模式中扮演“妈妈”的妻子很难改变这种模式的原因之一。而扮演“儿子”的丈夫通常既需要这种被关注、被照顾的感觉，又渴望更多的自由和自尊。有位丈夫这样描述自己在母子型亲密关系模式中的婚姻状态：一开始的那种凡事为我考虑的感觉让我觉得我是幸福的；但是后来的掌控和事事干涉让我开始觉得有压力了。在母子型亲密关系模式中，大概率会在短期的平衡后，有一方感觉到忍无可忍而打破平衡。

另外，母子型亲密关系模式中的女性喜欢付出，她们可能找到那种要负担男方兄弟姐妹、七大姑八大姨等一大家子的伴侣。她们在这种付出中获得了一种满足感，并且很迷恋这种较高的心理位置。总之，女强男弱是母子型亲密关系模式的重要特征之一。

一位女性网友这样描述自己在母子型关系中的状态：我可能属于霸气女性这一类，在婚姻中有一种优越的心理状态和较高的心理位置。做事情目标感很强，但也容易焦虑、强势，甚至有着控制欲。看似不需要伴侣，实际上内心也渴求情感，希望伴侣能够关爱自己，但很多时候却忘记了关爱伴侣。总觉得伴侣应该和自己一样，是一个“无所不能”的存在。这样一来，伴侣的需求、想法很多时候就被忽视了。

婚姻很可能就在这一次次的忽视与被要求一致的过程中亮起了“红灯”。婚姻中伴侣的地位是平等的，好的婚姻应该是相互扶持、相互尊重的，因此，在母子型亲密关系模式中，妻子需要学会赞赏与肯定伴侣，需要学习退后一点，引导对方回到丈夫的位置上，主动表达自己的需求，激发出他的家庭责任感。而丈夫需要觉察对比自己和妈妈之间的关系状态与自己和妻子之间的关系状态的相似性，让自己的内在得到成长，停止在妻子身上投射母亲的形象与需求，改变自己对妻子既依赖又对抗的心理模式。

以下这个案例就是典型的母子型亲密关系。

“妈妈”刘某与“儿子”王某

一对夫妻刘某和王某，正面临着离还是不离的艰难选择。两个人的婚姻关系就是典型的母子型亲密关系模式。刘某明显心智成熟很多，在生活中迁就和照顾着丈夫王某；而丈夫就像个青春期少年一样言而无信、缺乏自控力、情绪化，可以做出结婚第一天晚上就离家出走的举动。王某一方面对妻子呈现出听话、依赖的状态；另一方面又对妻子呈现出任性、逆反的状态。

从表面上看，他们之间最大的分歧在于要不要生一个孩子。两人都是在成长的过程中严重缺乏父爱的孩子，王某的父亲早逝，而刘某从出生开始，父母就已经离异。刘某因此在生孩子这件事上没有安全感，王某不成熟的状态更是令她顾虑重重。她非常害怕生出的孩子像自己一样得不到父亲的爱和陪伴，害怕自己的命运在孩子身上复制，也害怕自己以后不但要照顾一个新生儿，还要照顾王某这一个大“孩子”，而自己无法承受所有的压力和负担。但王某之所以想生一个孩子，是因为父亲的去世带给他一种生命易逝的恐惧感，他希望自己的生命可以得到延续。在理智层面，他并不想成为父亲那样的人，他愿意成为更好的人，成为一个可以给妻子和孩子更多陪伴和爱的人。然而他并没有意识到未来自己到底要承担怎样的责任和义务。他甚至在当着妈妈、岳母、妻子的面声称会减少喝酒后，半夜就出去买一堆酒回来狂饮烂醉 4 个小时。酗酒这种失控的行为到底是怎样的内在需求在驱动他，他显然从来没有认真思考过。

夫妻关系的模式是双方相互作用而形成的，如果不考虑生不生孩子的问题，他们双方看起来挺甜蜜的，一个愿意当“妈妈”，一个享受做“儿子”。然而表面的和谐并不意味着这种母子型亲密关系模式就是良性均衡的模式。生一个孩子究竟会让关系变得平衡还是更不平衡？刘某始终在犹豫不决中。除非他们彼此疗愈好原生家庭带来的内心伤痛，王某下决心成长为一个真正成熟的丈夫；除非刘某下决心不再伺候这个“大儿子”，彻底打破这种母子型关系模式，发展出健康、均衡的伴侣型模式，他们才可能迎来幸福。

两个人并非无缘无故相遇，而是因为潜意识的牵引、内心熟悉的模式使然。我们从他们身上也可以看到不幸福、不和谐、残缺的原生家庭给孩子内心带来的严重伤害，孩子内心安全感的缺乏给他们成年后的婚恋选择和婚姻关系模式造成了严重的影响。这个问题值得引起我们每一位做父母的警醒和反思。

在笔者以往的婚姻个案中，因为母子型亲密关系模式导致婚姻矛盾和婚姻解体的比率真的挺高的。她们在婚姻中可能特别贤惠、隐忍、能干，默默承担了生活的一切，而自家男人则成了“油瓶倒了都不扶”的主儿，虽然有可能是其他男人眼里“别人家的老婆”，但是内心的苦只有自己才知道。她们可能还习惯做一个任劳任怨却控制不住唠叨的“母亲”，或者扮演爱挑剔和指责的教导主任的角色。她们通常情绪焦虑，或者长期自我压抑，或者情绪经常暴躁失控。她们经常抱怨自己很累，丈夫怎样不理不问，不求上进，怎样恨铁不成钢。她们可能在工作和事业上比丈夫要出色，赚的钱也比丈夫多，在家里也比丈夫承担了更多的家务；而丈夫永远都像一个幼稚、不争气的“儿子”一样惹自己生气。要知道关系模式其实是两个人长期相互作用固定下来的，可是模式的打破单方面就可以做到。很显然，当你决定不做“妈妈”了，对方就无法再当一个“儿子”了。

第三节 ▎非良性婚姻模式：父女型亲密关系模式

相对于女强男弱的母子型亲密关系模式，父女型亲密关系模式恰好相反，男方通常在年龄、阅历、财富、能力、资源、心理状态等方面优于女方，比较常见的就是“老夫少妻”组合。当然，即使两人在年龄上差距不大，在心理层面也有可能形成父女型亲密关系模式。在这种模式中男方是起引领和主导作用的。他们在生活中往往大操大办，在工作或事业上也能为女方推举助力。他们可能像父亲一样严格约束、挑剔、贬低、控制女方；也可能像父亲一样对女方呵护备至。女方通常对男方有比较严重的依赖和依附心理，或者比较仰慕、崇拜对方。

一位女性网友在经历了一段母子型亲密关系模式的婚姻后，改变了自己对婚姻的期待。她说：“婚姻中的两个人都要相互理解和尊重，都当对方是最亲的人，给予对方极大的信任和宽容，两个人都放松地去相处，心系对方，彼此照顾，时常交流一下彼此的想法，照顾对方的感受，再加一些小幽默，小浪漫，这是我能想到的好的婚姻关系。我觉得我要是再婚，我需要能感受到被照顾和被爱护，这不等同于依赖，女人有时候就该在男人的保护下呈现小鸟依人的状态。”

在父女型亲密关系模式中的女性通常比较矛盾，她们一方面需要对方的照顾与呵护，另一方面又讨厌对方的约束和控制。在抱怨和声讨丈夫的同时，却深深地依赖着对方。而身处这种关系模式中的男性既迷恋这种被对方需要和依赖的高心理位置，又可能因为感到负担和压力时常呈现出挑剔和批判的状态。这其实是一种双方相互缠结较深的模式。

父女型亲密关系模式里的女性通常会在丈夫身上投射自己父亲的形象，存在潜意识复制或者试图修改潜意识的隐含动力。例如，童年被父亲严重忽视的女儿，成年后就有可能找一个以爱的名义紧紧控制着她的结婚对象。这种潜意识的选择颇有一种矫枉过正的感觉。比如，童年时经常目睹父亲家暴母亲，成年后受潜意识驱使找到一个有家暴行为、控制欲极强的丈夫的概率就会变大，因为这是她内在熟悉的模式。

理性且不懂浪漫的王某与没长大的文艺小女生朱某

某节目中有一对嘉宾，丈夫王某是一名影视编剧，妻子朱某是一名原创歌手。丈夫比妻子整整大 10 岁，是妻子的初恋。

节目第一期播出后，朱某赚足了观众的眼泪，完全是一副爱而不得、孤独绝望的状态；而麻木冷漠，情商不高的丈夫王某却不被观众所认可。但是婚姻的全貌不是一期节目就可以轻易被看懂的，果然在第二期中开始出现端倪：朱某对情感浓烈程度的需求极高，在情感中不够自信，依赖性极强，每天追问无数遍“你爱不爱我？你到底爱不爱我？”“我好不好看？我美不美？”每天唱唱歌，弹弹琴，说说爱恨，聊聊忧伤，像个长不大的孩子，是一个需要丈夫陪着她一起玩耍，一起去天涯海角的浪漫的小女孩。而王某明显是一个情感疏离的男人，他很现实，生存的焦虑感很强。他关注的是工作，是剧本，是孩子，是日子中的柴米油盐。他不会说甜言蜜语，不懂浪漫，不懂温存，看起来不在乎妻子的感受，也不关注妻子的需求，无论妻子如何念念不忘，他都没有任何回响。

两个人的状态都很极端，一个是活在爱情童话里的人，情感需求很多，过于敏感；一个是活在理性逻辑里的人，固执地认为自己这样才是对的。他们之间存在一个难以逾越的代沟。王某其实是个付出型的人，他会主动睡在帐篷里，睡在地上；其他人需要什么都可以问他要，朱某的东西自己乱扔找不到了，他都可以默默地给收拾好；在一些细节上也会反复提醒对方，他是碗里只剩一块肉也会给朱某的那个人。然而他给的这些对方却不在乎，对方想要的东西他觉得都是无理取闹。

王某从小就受到了非常严苛的“天才儿童”教育。他似乎被培养成为一个学习机器，极度理性和自恋，活在自己认定的逻辑里。在他的成长过程中存在情感教育严重缺乏的问题，谈起自己的父母时显得非常痛苦，坦言自己没有从父母身上得到过爱，假如自己的人生可以修改，他希望可以修改自己不幸的童年。他对自己的孩子非常用心，用情至深，以至于谈起孩子的时候几度失控，难以掩饰内心的伤痛。他如此用力地爱自己的孩子，似乎是想通过孩子来修复自己父爱缺失的童年。他在儿子面前扮演了一个尽职尽责、温暖有爱的父亲，在理性层面他不想也不能成为像自己父亲一样严厉的父亲；然而在妻子面前他却无意识地扮演了一个处处批评，严格管教的“父亲”，就像当初他的父亲这样对待他一样，这种模式在婚姻中被他无意识地复制了。当然也有可能他的父亲就是用这种方式对待他的母亲的。因为我们知道一个孩子如何对待他人，如何对待这个世界，通常是从父母身上习得的。

王某很像20世纪五六十年代的父亲，每天为了生活奔波，无法停下来好好陪伴这个“女儿”，也不会表达爱。面对这个“女儿”的哭闹、索要而不知所措，甚至极其厌烦。朱某对爱过多地索取，给王某造成了很大的压力。他想要的是一个成熟的、理性的、善解人意的、可以和他肩并肩站在一起共同扛起生活中种种压力的妻子。

而朱某在情感中的过度索求大概率是因为成长过程中严重忽视她的父亲。她赚到第一份工资时请王某吃饭，因为对方的一个摸头动作而不能自拔。她每一声的呼喊，每一句的祈求，都像是一个小女儿在苦苦追问爸爸：你为什么不陪陪我，不抱抱我啊？你爱不爱我啊？一个人内心越是缺少什么，越是要拼命向外界抓取。

他们之间走到即将离婚的地步，说到底是父女型亲密关系模式严重失衡导致的。一个一直执着地在当“女儿”，呼唤父爱；而另一个一直致力于纠正伴侣，试图用否定和拒绝的方式促使对方长大成熟。在笔者看来，朱某的执意离开，犹如一个叛逆的青少年试图挣脱父亲的管控，以证明自己是可以独立的，并且想通过决然的离开要回她平等的权利。殊不知找一个父亲的替代者来自我补偿是她潜意识里的需求，除非她真的长大了，真的获得了精神上的独立，不再依赖任何人的评价来认同自己，她才能获得真正的平等和自由。而王某需要学会让自己放松下来，他内心严重的焦虑感让他无法静下来倾听和理解伴侣，更无法静静地在爱情和音乐中感受生活的美好；另外，他还需要调整和改变自己的意识，用一种尊重和平等的状态，学会欣赏和赞美伴侣。当有一天，朱某以一个温暖、成熟的模样出现，学会了关注对方的感受，学会了给予，而不仅仅是期待和索取；而王某也成为谦逊、柔软、幽默、松弛的样子。这样的他们，无论怎样选择，都会是幸福的。

无论是母子型亲密关系模式还是父女型亲密关系模式，都是非良性婚姻模式。在现实生活中，我们会发现很多夫妻吵吵闹闹，分分合合，最终依然无法走到一起；还有一些人一婚一地鸡毛，二婚依然一塌糊涂，甚至依然“不屈不挠”，直奔“三昏”的方向而去。假如我们不能找出自己内在的模式究竟出了什么问题，不下决心改变有问题的模式，我们的命运就会一直复制下去。

第四节 ▎良性婚姻模式：理想型（完美型）亲密关系模式

相对理想的亲密关系模式其实是这几种关系模式的合体。也就是说，我们每一个人其实在婚姻中都需要扮演多重角色，我们需要根据彼此的需求在妻子（丈夫）、母亲（父亲）、女儿（儿子）、情侣（伙伴）多种角色中灵活转换。比如，在对方脆弱、难过的时候，我们需要扮演母亲或者父亲的角色，给到对方关注、陪伴和照顾；而当我们自己悲伤、软弱的时候，要学会表达需求，懂得示弱，像个孩子一样寻求对方的帮助；我们需要在生活中、在工作上、在兴趣爱好上成为可以相互配合、相互支持的伙伴；我们还需要对爱情保持一颗浪漫专注的心，即使结婚多年，也要像情侣一样互相表达爱意，保持爱的吸引力，满足彼此精神上的需求。这几种角色都能做得很好，可以在多个角色中灵活转换，才是婚姻高情商的体现。固执地停留在单一模式里，肯定会导致双方在需求上无法获得平衡和满足。

人人都想拥有亲密关系，但连续多年走高的离婚率也让很多人望而却步，深处围城中的人也生活在水深火热之中。理想型的亲密关系到底是什么样子的？钱钟书与杨绛的爱情和婚姻让我们看到了幸福的模样。

钱钟书与杨绛：淡然执手度清平，山盟不弃白发生

杨绛是我国著名的作家、文学翻译家和外国文学研究家。1932 年她在清华大学任职期间，认识了钱钟书，二人情投意合，不久就坠入爱河，成为夫妇。两个人美好的爱情故事被广为流传。

杨绛曾经在《我们仨》这本书里详细记载了钱钟书说过的一些话：“我今天做了一件错事”“我好像又做错事了”“我把墨水打了”……这些文字，很像一个母亲细心地记录自己的孩子成长过程中的点滴。不管钱钟书做错了什么，杨绛只是微笑着，不生气，也不责怪他，眼神里充满宠溺，言语中充满包容。生活能力较差的钱钟书在杨绛的眼里，可爱、善良、才华横溢。

杨绛曾经说过，衣服脏了我会洗，台灯坏了我会修，门锁坏了我也会修，做饭你会就你做，我就看着你，站在一旁陪着你，是我认为最幸福的事情。

杨绛自述：“我与钱钟书是志同道合的夫妻，我们当初，正是因为两人都痴迷读书而互相吸引走到一起的。钟书说他‘没有大的志气，只想贡献一生，做做学问’，这点和我志趣相同。我成名比钱钟书早，我写的几个剧本被搬上舞台后，他在文化圈里被人介绍为‘杨绛的丈夫’。但我把钱钟书看得比自己重要，比自己有价值。他说想写一部长篇小说，我不仅赞成，还很高兴。我要他减少教课钟点，致力写作。为节省开销，我辞掉女佣，做‘灶下婢’是心甘情愿的。握笔的手初干粗活免不了伤痕累累，一会儿劈柴木刺扎进了皮肉，一会儿又烫起了泡。不过吃苦中倒也学会了不少本领，使我很自豪。钱钟书知我爱面子，大家闺秀第一次挎个菜篮子出门有点难为情，特陪我同去小菜场。两人有说有笑买了菜，也见识到社会一角的众生百相。他怕我太劳累，自己关上卫生间的门悄悄洗衣服，当然洗得一塌糊涂，通通得重洗，他的体己让我感动。诗人辛笛说钱钟书有‘誉妻癖’，钟书的确欣赏我，不论是生活操劳或是翻译写作，对我的鼓励很大，这也是爱情的基础。”

钱钟书说："对于时代，我是落伍者，没有什么可以贡献给现代的婚姻，只是男女结合，最看重的是感情和双方互相理解的程度，理解深才能互相欣赏和互相吸引、两情相悦。夫妻间最重要的是朋友关系，即使不能做知心朋友，也该是能做得了伴侣的朋友，或是互相尊重的伴侣，门当户对以及其他的事情，并不重要。"①

杨绛被钱钟书赞为"最贤的妻，最才的女"，亦称其为妻子、情人、朋友。钱钟书与杨绛两个人的亲密关系模式是典型的理想型（完美型）亲密关系模式，杨绛完美地在关系中扮演妻子、情人、朋友、伙伴、母亲多种角色。杨绛在婚姻中扮演"母亲"的角色时始终心甘情愿，充满了包容；在扮演"情人"的角色时充分表达了欣赏与爱慕；同时在婚姻中依然保有清晰的自我，在扮演"朋友"的角色时可以与对方志同道合，保持精神上的高度契合。在一生的婚姻中，他们之间始终相互吸引、相互尊重、相互理解、相互支持，两个人做到了共同成长，互相成就了最好的自己。

① 相关内容参见杨绛《我们仨》《杂忆与杂写》中的自述。

02

第二篇 呵护婚姻的法商

法商是法律意识、法律知识、守法习惯等法律素养的总和。具备法商，会让我们的婚姻更加和谐，让感情进一步加深。具备法商，会让我们了解自己的法定权益，避免纠纷。

第二章
忠诚协议能够保证婚姻幸福吗?

第一节 | 忠诚协议的含义与类型

忠诚协议，即男女双方在婚前或婚后通过平等协商，约定有关婚姻存续期间夫妻双方恪守法律所倡导的夫妻间的忠实义务（夫妻双方要对家庭、配偶、子女等有道德感和责任感），同时约定一方违背约定时，违约方将在经济上对另一方给予若干财产，包括支付违约金、赔偿金、放弃部分或全部财产等的协议。忠诚协议在实践中的称谓有多种，如“忠诚承诺书”“忠诚保证书”等。违反夫妻忠诚义务的内容，具体应该是指夫妻一方与第三方发生不正当关系或有其他违背忠诚义务的行为，给遵守忠诚义务的一方在物质上、精神上造成了损害，因而需要违约方给予守约方一定数额的损害赔偿。

这些协议对忠诚义务的约定五花八门，如不得出轨、不得夜不归宿以及不得“移情别恋”等；对于给付财产的约定也各有不同，如有的当事人约定，一方违反忠实义务，应将婚姻关系存续期间所得财产的全部或者部分给予对方；还有的当事人约定，违约方给付守约方一定数量的金钱；还有的在协议中约定，违反忠诚义务的一方净身出户等。下面我们就对不同类型的忠诚协议进行归纳。

一、约定不得有婚外情的忠诚协议

2017 年 8 月，郑某和袁某登记结婚，婚后未生育子女。2018 年 10 月 20 日，两人签署《婚姻财产协议》，约定今后双方因婚外情、与他人同居、家庭暴力或有关系暧昧的异性朋友，造成夫妻感情破裂而离婚的，过错方应一次性赔偿对方 50 万元，夫妻共同财产平均分割。后来女方郑某发现男方袁某存在不忠于婚姻的行为，加之双方常因其他琐事争吵，女方遂提出离婚并要求男方按照财产协议的约定赔偿 50 万元。对于本案，法院认为：郑某、袁某在婚内自主签署的《婚姻财产协议》，是对法律关于夫妻之间互相负有忠实义务之规定的具体化。其中所涉“忠实条款”实际上是对无过错方有权请求损害赔偿的一种约定，该约定内容没有违反法律的禁止性规定，系双方的真实意思表示，属于有效的民事法律行为，符合法律的原则和精神，对此予以认可。

本案中，袁某与他人发生性行为，并因此造成夫妻感情破裂，符合《婚姻财产协议》约定的赔偿事由。但考虑到袁某收入一般，故协议中约定 50 万元的赔偿数额不符合其实际经济情况，明显偏高，显失公平，故法院根据袁某的经济收入、日常消费水平及承受能力，结合本地生活水平，判定袁某向郑某支付赔偿金 5 万元。[①]

上述案例是典型的以不得出轨、不得有婚外情作为义务的忠诚协议，也是生活中最为常见的一种忠诚协议。本案中，虽然法院认可了忠诚协议的效力，但对于这类协议的效力认定问题，实践中存在不同的观点。

二、约定必须履行婚内义务的忠诚协议

我国《中华人民共和国民法典》（以下简称《民法典》）虽然没有直接规定夫妻之间的同居义务，但是从“因感情不和分居满二年”“经人民法院判决不准离婚后，双方又分居满一年，一方再次提起离婚诉讼的，应当准予离

---

① 参见：《夫妻协定出轨方赔 50 万元，合法吗》，载《广州日报》，https://gzdaily.dayoo.com/pc/html/2020-12/18/content_878_737720.htm，最后访问日期为 2022 年 4 月 28 日。

婚”[①] 等规定可以看出，法律是不鼓励夫妻双方分居的。同居义务包括共同居住、共同生活以及进行性行为等，这是广义的理解，而狭义的同居一般是指进行性行为。那么如果夫妻一方不履行同居义务，另一方该怎么办呢？首先，由于同居义务具有强烈的人身属性，同居不仅是夫妻双方的义务，也是权利，法律不可能要求夫妻之间必须履行一定的同居行为。相反，在某些情况下如果一方强制另一方履行同居义务（如强行发生性行为），则可能构成犯罪，典型的情形便是“婚内强奸”[②]。其次，并非夫妻一方违反该义务不会产生任何法律上的后果，一般情况下，这种后果发生在婚姻关系结束时。如果双方提前将履行同居义务通过书面协议的方式固定下来，在离婚时一方因另一方不履行同居义务而向另一方主张经济赔偿，即使具有人身属性的同居义务转换为经济给付义务。

关于因不履行“夫妻同居义务”导致经济给付，曾有一个典型的“空床费”案例：王某某与尹某1990年1月登记结婚，尹某因工作原因经常不回家住，2000年7月双方约定，如尹某晚上12点至早晨7点不在家居住，每1小时支付“空床费”100元。后由于尹某不回家居住，双方经常发生纠纷，尹某共计向王某某出具了欠其“空床费”4000元的欠条。后由于尹某家暴，王某某向法院起诉离婚，并主张该“空床费”4000元。经审理，二审法院确认在婚姻存续期间，尹某未尽陪伴义务，该“空床费”是给予王某某的补偿

---

① 我国《民法典》第1079条规定：“夫妻一方要求离婚的，可以由有关组织进行调解或者直接向人民法院提起离婚诉讼。

人民法院审理离婚案件，应当进行调解；如果感情确已破裂，调解无效的，应当准予离婚。

有下列情形之一，调解无效的，应当准予离婚：

（一）重婚或者与他人同居；

（二）实施家庭暴力或者虐待、遗弃家庭成员；

（三）有赌博、吸毒等恶习屡教不改；

（四）因感情不和分居满二年；

（五）其他导致夫妻感情破裂的情形。

一方被宣告失踪，另一方提起离婚诉讼的，应当准予离婚。

经人民法院判决不准离婚后，双方又分居满一年，一方再次提起离婚诉讼的，应当准予离婚。”

② 万志鹏：《婚姻中性自主权与同居义务的冲突及其解决——从“婚内强奸”说起》，载《西南民族大学学报（人文社会科学版）》2009年第7期。

费用，该约定不违反法律、行政法规的禁止性规定，真实有效，予以支持。[①]

还有一起案例，夫妻双方到民政部门自愿登记结婚并共同生活，婚后生育 3 个孩子。2016 年 11 月 15 日，双方自愿登记离婚，领取离婚证并订立《离婚协议书》。《离婚协议书》约定：由于这一年以来女方并没有对男方履行一个妻子应尽的义务，没有与男方过夫妻生活，因此对 2016 年 4 月至 10 月的已交房贷款，女方应如数退还给男方。最终，法院认为《离婚协议书》是原告、被告双方到法定婚姻登记机关自愿达成、签订并备案的协议，反映双方处分财产的合意，未违反法律相关规定，未发现此协议存在欺诈、胁迫等情况，故认定《离婚协议书》有效，对当事人具有法律约束力。[②]

这种“空床费”协议的实质就是在一方无正当理由不能在约定的时间内陪伴另一方的情况下，自愿以支付一定数额的金钱的方式对另一方进行补偿。这种协议内容系当事人真实的意思表示，只要不违反法律、行政法规的禁止性规定，无碍善良风俗，理应在法律上得到认可。人民法院在审理此类纠纷时，一般首先审查双方当事人在签订协议时有无欺诈、胁迫等情形，如果完全出于双方自愿，协议内容又无违法且符合公序良俗原则，一般认定为有效协议。有人担心支持这类“空床费”协议，是否会误导人们认为只要支付了“空床费”就可以不履行夫妻相关义务。我们认为认定“空床费”协议有效并不意味着支付了所谓“空床费”就可以不履行夫妻的相关义务。当初双方之所以签订这样的协议，本意还是希望能用经济赔偿的方法把另一方留在自己身边，而另一方之所以会签订“空床费”协议，恐怕也是出于稳定婚姻的考虑，不得不为自己夜不归宿的行为付出经济上的代价。

三、恋爱期间签订的忠诚协议

王某（化名）与孟某（化名）是普通朋友。2016 年 5 月，王某因生意周转需要向孟某借款 10 万元，并出具了借条，借条载明借款在 2016 年 12 月 31 日前还清，月利息为 2%。之后随着两人的接触和交流不断增多，王某与孟某

---

① 参见重庆市第一中级人民法院（2004）渝一中民终字第 3442 号民事判决书。

② 参见容县人民法院（2017）桂 0921 民初 1913 号民事判决书，该一审判决即为终审。

逐渐产生了感情，不久双方便正式确立了恋爱关系，并开始了同居生活。确立关系后不久，双方因生活琐事发生了一次争吵，孟某赌气之下有一段时间没有理会王某。后来双方重归于好，王某为了防止孟某移情别恋，要求孟某写下一份保证书，写明如果孟某今后不与王某结婚，婚礼不能如期举行，则王某所借的 10 万元无须归还孟某。随着时间的推移，终因双方性格差异太大，孟某提出与王某分手。王某表示分手可以，但根据保证书的约定，所借的 10 万元就不再归还。孟某一气之下将王某诉至法院，要求王某归还借款 10 万元。法院认为，婚姻自由是公民的一项基本权利和自由，王某持有的保证书限制了孟某的婚姻自由，不具有法律效力，故判决王某依法偿还孟某借款 10 万元。

再举一个例子。2008 年，孙某（化名）与刘某（化名）经朋友介绍相识，双方一见倾心，很快便坠入爱河。这一段快乐的时光持续了 5 年，到了 2013 年，彼此之间的矛盾越来越多，爱情裂缝越来越无法弥合，继续走下去只会变成煎熬，于是孙某提出分手。孙某认为刘某与他是初恋，为了补偿刘某，在分手前，孙某向刘某立下一份字据，承诺在 3 年时间里给付刘某 100 万元的“青春损失费”，最迟到 2016 年 12 月 31 日前付清。不过这一纸赔偿协议，孙某并没有兑现，最后期限已过，刘某一分钱也没有收到。于是她一气之下将孙某告上法庭，请求法院判令孙某给付其“青春损失费”100 万元并支付相应的利息损失。法院经审理认为，双方所签订的协议内容不具真实的债权债务关系，有违公序良俗，应为无效协议，且该无效协议依据不足。最终判决驳回刘某的诉讼请求。

上述案例中关于“分手费”的约定、“青春损失费欠条”一般是指男女双方在婚恋期间或婚恋失败后，一方向另一方出具的带有一定给付意思表示的书面文件。“分手费”“青春损失费”针对的是所谓的“青春补偿”，在我国法律权利体系中，很难找到一种权利或者权益与之对应，故司法实践中，当事人主动起诉要求对方支付“分手费”或“青春损失费”，很难得到支持。

同样是约定了忠诚义务的协议，为什么有些婚姻中的忠诚协议能得到支持，而恋爱期间的就得不到支持？从法律上说，还是因为忠诚情侣关系、未婚同居关系不是婚姻法调整的人身关系范围，法律没有规定情侣相互之间负有的法定义务，仅仅存在道德上的忠诚义务。因此将这样的义务转化为金钱给付义务，将很难得到法院的支持。为避免此类纠纷，婚恋破裂的当事人双方最好在关系破裂时将财物结清，尽量不出现该类财产关系上的纠葛。

第二节 《民法典》及司法实践对忠诚协议分别持什么态度?

一、我国《民法典》及其司法解释对忠诚协议的态度

在《民法典》正式生效前，关于夫妻忠实义务的规定，主要是原《中华人民共和国婚姻法》(以下简称《婚姻法》) 第4条："夫妻应当互相忠实，互相尊重；家庭成员间应当敬老爱幼，互相帮助，维护平等、和睦、文明的婚姻家庭关系。"根据《民法典》第1043条规定，家庭应当树立优良家风，弘扬家庭美德，重视家庭文明建设。夫妻应当互相忠实，互相尊重，互相关爱；家庭成员应当敬老爱幼，互相帮助，维护平等、和睦、文明的婚姻家庭关系。

《最高人民法院关于适用〈中华人民共和国婚姻法〉若干问题的解释(一)》第3条[①]却又规定："当事人仅以婚姻法第四条为依据提起诉讼的，人民法院不予受理，已经受理的，裁定驳回起诉。"即单纯的忠诚协议不具有可诉性。2011年最高人民法院曾试图对这一争议给出一个明确的指导意见，在最初的《最高人民法院关于适用〈中华人民共和国婚姻法〉若干问题的解释(三)》[以下简称《婚姻法解释(三)》]的草案中，有这样一条规定："离婚时夫妻一方以婚前或婚后双方签订的'忠诚协议'主张权利的，人民法院经审查认为该协议系自愿签订且不违反法律、法规的禁止性规定的，应当予以支持。"但是由于存在争议，在后续的征求意见稿中该条款未保留，且最终出台的《婚姻法解释(三)》也没出现关于忠诚协议的条款。

由此可见，在我国婚姻法体系中，关于夫妻忠实义务的规定更多是一个宣誓性条款，缺乏应有的法律规范的效力。因此，实践中夫妻更多是通过签

---

① 已废止。现为《最高人民法院关于适用〈中华人民共和国民法典〉婚姻家庭编的解释(一)》第4条规定："当事人仅以民法典第一千零四十三条为依据提起诉讼的，人民法院不予受理；已经受理的，裁定驳回起诉。"

订忠诚协议来督促配偶履行忠实义务，保障自身权益。

《民法典》第 1091 条规定了夫妻一方存在重大过错而导致离婚的，另一方有权要求赔偿。尽管该条款并未明确将“出轨”列为法定赔偿情形之一，但也未明确禁止夫妻之间另行约定。另外，《民法典》在制定本条款的时候，在原《婚姻法》的基础上增加了“有其他重大过错”作为兜底条款，也潜含了允许当事人另行约定的意思。

但与此同时，部分法院也会考虑公平原则，认为如果协议过分严苛，使双方利益显著失衡，也会对协议内容进行调整。例如，2014 年修订发布的《深圳市中级人民法院关于审理婚姻家庭纠纷案件的裁判指引》中规定：“一方当事人以另一方当事人违反忠诚协议导致离婚为由请求另一方当事人在离婚时履行其在忠诚协议中所作损害赔偿承诺的，人民法院应予支持，但该忠诚协议约定的损害赔偿数额过高时，人民法院可以适当调整。”

综上，我国《民法典》虽然没有直接对忠诚协议进行规定，但该法婚姻家庭编允许夫妻对财产进行约定。与此同时，在司法实践中，即使法院认可忠诚协议的效力，部分法院也会考虑公平原则，认为如果协议过分严苛，使双方利益显著失衡，也会对协议的内容进行调整。

二、司法实践中法院的认定

法院对忠诚协议内容的效力大体分为支持、不予支持和部分支持三种情况[①]。

首先，在法院持支持态度的案件中，支持忠诚协议效力的判决思路均系以《民法典》第 1043 条为基础，肯定夫妻忠实义务的存在，并根据意思自治原则参照合同法的相关规定确认忠诚协议的效力。

其次，不予支持的法院主要认为，男女双方在订立类似“忠诚协议”时，夹杂了基于即将缔结夫妻关系产生的感情因素、人身关系因素等，与普通合同有明显区别，在认定效力时也不应按照合同法的效力认定规则予以认定，应当按照民事法律行为的效力认定规则予以认定。判决忠诚协议无效

① 李然、郑思清:《夫妻忠诚协议审判问题研究》，载《时代法学》2019 年第 3 期，第 80-87 页。

的审判思路主要有如下两种：第一，忠实义务系道德性义务，忠诚协议系身份协议，忠实义务并非法定义务，不可强制履行；第二，当事人约定的“赔偿金、违约金的支付条件”并不符合我国《民法典》第 1091 条规定的离婚损害赔偿的情形，故不支持支付违约金、赔偿金的请求。[①] 如忠诚协议条款约定的行为“不忠程度”较低时，则法院判决“无效”或“认定不忠行为尚未达到应予赔偿的标准”的概率很高。典型的情形包括但不限于微信聊天暧昧、以夫妻相称或开夫妻店，这些都属于“程度较低”的约定。若约定更重的情形，譬如与第三人发生性关系、与第三人恋爱、与第三人共同居住、与第三人发生性关系并导致第三人怀孕、嫖娼等，由于不忠行为的类型与程度较为明确，更容易得到法院的支持。

最后，还存在法院对协议内容部分支持的情况。比如，忠诚协议中对子女抚养相关问题的约定，由于具有一定的人身属性，因此，法院认定其不能成为忠诚协议的约定对象。子女抚养权的归属应当按照子女利益最大化的要求进行确定，即需要根据父母双方的抚养能力、抚养条件，以有利于子女的身心健康、保障子女的合法权益为原则，由夫妻协商或者法院判决确定子女跟随哪一方生活。这一规定属于法律的原则性规定，也是强制性规定，在子女抚养权归属问题确定时，必须遵守。但是，婚姻忠诚协议中对于子女抚养权归属的约定，大多是从夫妻双方的利益出发，并没有充分考虑子女利益，不符合法律的要求。此外，子女抚养权归属问题具有一定的身份属性，不宜成为合同约定的内容，特别是不能成为夫妻之间对于违反忠诚义务而导致的违约条件。我国《未成年人保护法》（2020 年修订）第 4 条确立了最有利于未成年人的原则，[②] 法律也持续加大对人格权的保护。现代法律强调未成年人是权利的主体，而非权利的客体。如果允许在忠诚协议中对抚养权归属进行

① 我国《民法典》第 1091 条规定：“有下列情形之一，导致离婚的，无过错方有权请求损害赔偿：（一）重婚；（二）与他人同居；（三）实施家庭暴力；（四）虐待、遗弃家庭成员；（五）有其他重大过错。”

② 我国《未成年人保护法》第 4 条规定：“保护未成年人，应当坚持最有利于未成年人的原则。处理涉及未成年人事项，应当符合下列要求：（一）给予未成年人特殊、优先保护；（二）尊重未成年人人格尊严；（三）保护未成年人隐私权和个人信息；（四）适应未成年人身心健康发展的规律和特点；（五）听取未成年人的意见；（六）保护与教育相结合。”

约定，就等同于将子女视为物品，任由夫妻双方自由转让，不符合现代法治的精神。

最高人民法院关于夫妻在婚姻关系存续期间签署忠诚协议是否有效问题，尤其是涉及财产的约定，持较为积极的态度："夫妻在婚姻关系存续期间签订的涉及财产问题的协议，经审查不存在欺诈、胁迫的情形，系双方当事人真实意思表示，不违反法律、行政法规的禁止性规定，应当认定为有效。离婚时一方主张按照协议履行的，人民法院应予支持；在不解除婚姻关系同时也没有实行分别财产制的情形下，对该主张不予支持。"[①]我国《民法典》出台后，最高人民法院的《中华人民共和国民法典婚姻家庭编继承编理解与适用》一书中则提到：夫妻之间签订忠诚协议，应由当事人本着诚信原则自觉自愿履行，法律并不禁止夫妻之间签订此类协议，但也不赋予强制执行力。从整体社会效果考虑，法院对夫妻之间的忠诚协议纠纷以不受理为宜。理由如下：

第一，取证难度大，证明标准高。如果法院受理此类忠诚协议纠纷，主张按忠诚协议赔偿的一方当事人，既要证明协议内容是真实的，没有欺诈、胁迫的情形，又要证明对方具有违反忠诚协议的行为，可能导致为了举证而去"捉奸"，为获取证据窃听电话、私拆信件，甚至对个人隐私权更为恶劣的侵犯情形发生，夫妻之间的感情纠葛可能演变为刑事犯罪案件，其负面效应不可低估。

第二，不利于婚姻稳定。赋予忠诚协议法律强制力的后果之一，就是鼓励当事人在婚前签订一个可以"拴住"对方的忠诚协议，这不仅会加大婚姻成本，而且也会使建立在双方情感和信任基础上的婚姻关系变质。

第三，忠诚协议不具有强制性。忠诚协议实质上属于情感、道德范畴，当事人自觉自愿履行当然极好，如违反忠诚协议一方心甘情愿净身出户或赔偿若干金钱，为自己的出轨行为付出经济上的代价。但是如果一方不愿履行，不应强迫其履行忠诚协议。[②]

---

① 吴晓芳：《如何处理夫妻双方在婚姻关系存续期间签订的涉及财产问题的协议》，载最高人民法院民事审判第一庭编：《民事审判指导与参考》（总第34辑），法律出版社2008年版，第65-68页。

② 最高人民法院民法典贯彻实施工作领导小组主编：《中华人民共和国民法典婚姻家庭编继承编理解与适用》，人民法院出版社2020年版，第39页。

第三节 ▎是否应该签订忠诚协议？如果要签应该怎么签？

在司法实践中，即便法院认可了忠诚协议的效力，也不会赋予忠诚协议强制执行力。这里所谓的强制执行力是指法院并不会完全按照忠诚协议的内容作出判决，而并非一般逻辑上法院按照忠诚协议作出裁判后到达强制执行阶段时没有强制执行力。不赋予夫妻忠诚协议强制执行力具有维护婚姻自由的作用，防止一方以道德压制的方式变相破坏婚姻自由，这也是法院不赋予其强制执行力的最主要原因。①

既然夫妻忠诚协议没有强制执行力，那么签订夫妻忠诚协议是否还有用呢？答案是不可否认的，签订夫妻忠诚协议仍然有用，尤其是对于婚内被出轨的当事人来说，其重要性不言而喻。忠诚协议对内容要求非常严格，稍不注意忠诚协议内容可能会被法院认定为全部无效或者部分无效，因此忠诚协议最好在律师指导下根据当事人双方实际情况拟定。

那么，夫妻忠诚协议该如何签订呢？首先，夫妻双方应当在平等自愿的基础上签署忠诚协议，它直接决定着忠诚协议的效力。有些当事人为达到使出轨方签订忠诚协议的目的会不惜一切代价逼迫对方，例如天天去出轨方单位闹事影响其正常工作等。由此迫使出轨方妥协而签订夫妻忠诚协议，但这并非出轨方真实的意思表示。案件进入诉讼阶段后，出轨方完全可能举证说明忠诚协议违背其真实意思表示，而从根本上否定整个忠诚协议的效力。这时婚姻无过错方可能就从诉讼主动变为诉讼被动，进而产生败诉风险。

其次，夫妻忠诚协议应当对夫妻间发生的事实进行概述，事实包括签订双方身份信息、婚姻登记信息，以及双方承认的曾经不利于忠诚的事实。相较于收集其他能够证明出轨方的证据，忠诚协议对出轨事实进行约定，无疑能减轻在收集出轨证据方面的压力。让过错方以书面的形式对自己违反夫妻间忠诚义务的行为进行确认，这是无过错方掌握有过错方出轨事实最有力的证据。当然，提起离婚诉讼证明对方具有出轨行为仅仅依靠忠诚协议还不能

① 何晓航、何志:《夫妻忠诚协议的法律思考》，载《法律适用》2012 年第 3 期。

达到让法院确信的程度，仍然需要无过错方提供其他证据来加以印证。

必须注意，当事人不得对人身关系进行约定。当事人在签订忠诚协议时，可能出现以协议约定的形式剥夺和限制一方的人身权利的情况，如必须离婚、放弃对孩子的监护权、不得探视未成年子女等，此类关于限制人身权的约定由于违背了公序良俗，排除了法定权利而无效。不管是“必须离婚”还是“禁止离婚”条款，都侵害了一方的婚姻自由。婚姻自由是婚姻法确立的基本制度，婚姻自由既包括结婚自由也包括离婚自由。婚姻关系存在的基础是双方的感情，离婚与否要依据我国《民法典》第 1079 条的规定，判断夫妻双方感情是否确已破裂。这种通过剥夺一方人身权利以限制婚姻自由的行为，即使夫妻双方有明确的约定，也会因违反公序良俗而不具有法律效力，实务中不会被法院支持。而子女抚养权是一项具有人身属性的权利义务关系，既是一种人身权利，又是一种义务。离婚只能解除夫妻双方的婚姻关系，并不能消除父母对子女的抚养义务与责任，更不能通过协议的约定予以排除，否则可能引发法律责任和道德谴责。

最后，违反夫妻忠诚协议后的惩罚性条款。大多数夫妻的忠诚协议会约定出轨方“净身出户”，离婚时不能得到任何财产。对“净身出户”这一惩罚性条款需两面看待，一方面，如果在法庭上出轨方愿意执行双方关于“净身出户”的约定，法院一般会从其约定判处。另一方面，如果出轨方举证说明净身出户会给其带来生活上的困难时，法院会基于公平原则，并在结合双方现实经济能力的基础上参照忠诚协议作出裁判。同时根据《民法典》婚姻家庭编的规定，离婚无过错方可向存在法定过错的另一方请求离婚损害赔偿，如果夫妻忠诚协议中约定出轨方需要承担严格的过错责任，如需要支付无过错方 100 万元补偿费等明显超出过错方经济承受能力时，法院同样会基于公平原则作出裁判。

第四节 ▎忠诚协议能够捍卫婚姻吗？

当事人如主张对方违背忠诚协议需要承担相应责任，需要提供确切有力的证据，而这一点的证明标准比较严格。在大多数法院判例中，当事人提供的证据（如聊天记录、视频、照片等）往往达不到证明的标准，无法证明对方确实违反了忠诚协议中的情感道德义务，从而不易得到法院的支持。另外，对于这类“不忠诚”行为的认定标准比较模糊。通过对检索结果的分析，我们也很难得出具体的裁判标准，法官的自由裁量性较大，一般会对证据以及忠诚协议进行具体分析，然后根据社会一般常理和公序良俗作出判断。但是当事人的举证一般较难达到这一标准，法院多以无证据或者证据不够充分为由不支持当事人的请求。

如在（2015）沧民终字第 268 号判决中，法院认为：“背叛”的含义应指在性生活上不守贞操，有婚外性行为发生。本案被上诉人所提供的证据，证实了上诉人和网友聊天以及约见网友的行为，无直接证据证实上诉人与网友之间发生了婚外性行为。因此上诉人的行为虽对被上诉人的感情造成了一定的伤害，但不符合《夫妻忠诚协议》中感情背叛的约定。此外，在（2015）佛顺法容民初字第 905 号判决中，法院认为：虽然被告自认有违背夫妻忠诚义务的行为，但未达到出现外遇、婚内与他人同居的严重程度，被告这一过错行为并未足以使上述忠诚协议所设定条件成就。

从上述分析来看，法院衡量“违反忠诚义务”的标准较为严苛。从证据上来看，一般的证据如聊天记录、录音根本达不到证明标准。而开房记录、照片、影像资料收集起来十分困难，即便收集到了也很可能因为手段问题被认为不合法。所以即便签订了忠诚协议、协议效力也得到了法院的认可，但由于难以举证证明对方违反了忠诚义务，法院也不会支持发生忠诚协议中约定的财产处分效果。从这一点上看，忠诚协议似乎并不能达到捍卫婚姻、保护未出轨一方权益的目的。

但是，我们认为，还是应当在一定程度上肯定忠诚协议的作用。一方面，虽然忠诚协议的确没有常人想象中那么有用，不能剥夺基本人身权益、财产分割受到限制、赔偿条款要求较为苛刻、举证难度较大等问题都在一定程度上阻碍了忠诚协议目的的实现。

但另一方面，忠诚协议确实是有一定作用的。除限制离婚自由、赔偿显失公平等外，对于双方自愿约定的因一方违背忠诚义务而如何处分财产、责任承担等涉及财产的内容，法官根据个案具体情况，只要约定内容合法、自愿、平等，很可能支持协议的效力，毕竟实践中已存在不少原告方的请求得到法院支持的案例。但是，根据最高人民法院的最新观点，未来法院很可能对忠诚协议更多采取“不予处理”的态度。虽然法律允许夫妻之间签订忠诚协议，但不赋予其“强制执行力”，更多的是要靠双方自觉遵照履行，在一定程度上对夫妻双方起到警示、震慑的作用。

形形色色的案例告诉我们，法律保护每个人的合法权利，但保证不了每个人的婚姻幸福，正如忠诚协议可以通过财产上的惩罚来达到一定程度的威慑目的，却无法充当内心道德的缰绳，留住一个人的心。现代法律规范是条分缕析、日益细化的，而幸福生活是一种整体的状态或者感觉；法律提供的是一种合理的外在框架，在框架内我们尽可以追求自由，创造自己的生活，但试图以一时的物质约束换取婚姻的美满和谐往往是行不通的。追求幸福生活与美满婚姻，还是要靠每个人自己去选择、去把握，用自己的努力把法律提供的“空格”填好，创造出属于自己的幸福。

第三章

严防家暴，守住家庭底线

第一节 | 什么是家庭暴力？

关于家庭暴力的概念，我国立法主要是在《民法典》《中华人民共和国反家庭暴力法》（以下简称为《反家庭暴力法》）以及《最高人民法院关于适用〈中华人民共和国民法典〉婚姻家庭编的解释（一）》（以下简称《民法典婚姻家庭编司法解释一》）中予以规制。

根据《民法典》第 1042 条第 3 款规定，禁止家庭暴力。在此，《民法典》提及家庭暴力这个概念，但并未对家庭暴力的内容予以明文规定。2015 年 12 月 27 日颁布的《反家庭暴力法》第 2 条对家庭暴力做了定义式规定："本法所称家庭暴力，是指家庭成员之间以殴打、捆绑、残害、限制人身自由以及经常性谩骂、恐吓等方式实施的身体、精神等侵害行为。"这一规定，可以作为理解家庭暴力的法律根据。同时，《反家庭暴力法》第 37 条与时俱进，为及时应对实践中出现的新情况，将家庭暴力的行为主体进行一定程度的扩大："家庭成员以外共同生活的人之间实施的暴力行为，参照本法规定执行。"该条款表明即使是非家庭成员，双方共同生活期间所发生的暴力行为也可以参照《反家庭暴力法》进行约束。《民法典婚姻家庭编司法解释一》第 1 条则进一步明确，具有持续性、经常性特点的家庭暴力可以视为《民法典》相关法条所指向的"虐待"。

第二节 ┃ 为什么会出现家庭暴力?

一、原生家庭的影响

家庭暴力的施暴者在成长过程中可能受到了父母或同龄人的影响，学会用简单粗暴的方法解决内心的挫败感。比如，当他不听话时，父母就暴打一顿，把他“修理”得老老实实的。他不知道除殴打和谩骂外还有更好的解决问题的办法，如沟通。于是在他心里形成了一种观念——武力可以解决问题，而且行之有效。

二、社会压力

心理学中有“心理防御机制”的说法，当人在工作中有巨大压力时，碍于社会地位等原因，他会压抑这种不如意，然后把这种挫折感转移到他认为可以的时间、场合和对象身上发泄出来。一旦这种让心理得到快感的方法变成习惯，其实就是回避面对真正的问题，极容易形成一种神经症。因此，家庭暴力的施暴者在家庭以外并不一定是个暴力的人，而且可能并不像外表所表现出来的那样自负，相反其内心可能极度自卑，没有安全感，也无法容忍别人的挑战和质疑，甚至是言语和眼神的攻击。

三、观念错位甚至是精神障碍

比如，施暴者认为“婚外情”是值得炫耀的，对配偶有些许不满就吵架，甚至离婚，配偶稍有反抗就会产生家庭暴力。有的施暴者可能患有精神分裂症，在幻觉、妄想的支配下，或者在药物、酒精的影响下，很可能出现严重的暴力行为和自残行为，在发病时，他们常会出现感知觉功能障碍，部分或完全丧失认知功能和自控力，容易出现暴力。

四、缺乏沟通或心理不安

有的男性不擅于表达，也不会倾吐内心的苦恼和烦闷，就算直接问他们，他们也只会说没事，长年累月，心中的压力和焦虑会越积越多，最后质变为家庭暴力。

此外，长期的压抑和不安也会导致“自残”行为。“家暴”的反面是“自残”，比如，部分人希望通过自残的方式使对方产生愧疚感，以此挽回双方的感情。另外一些人可能为了平衡内心的愧疚感，弥补过错，在每次家暴后还会出现下跪、撞墙，甚至拿烟头烫自己、拿刀割自己等伤害自己的情况。被家暴的一方刚开始可能会被家暴者的下跪、恳求和自虐惩罚行为打动，选择原谅或抱有幻想，但日子一长，被家暴者就会发现，对方总是故态复萌。做出自残行为的人通常有逃离、渴望和反抗等心理。施暴者为了摆脱具有负面性质的事件引发的负面情绪感受，而寻求自伤这个快速的缓解方式，或是通过伤害自己验证他人对自己的爱并且渴望得到更多的关注。

第三节 ❙ 家庭暴力的种类

一、身体暴力

根据世界卫生组织公布的数据显示，暴力侵害妇女行为仍然非常普遍，而且始于很小的年纪。1/3 的女性（约 7.36 亿人）在其一生中会遭受来自亲密伴侣的身体或性暴力或非伴侣的性暴力，且这一状况多年来都没有改变[①]。根据联合国经济与社会事务部发布的关于《世界妇女 2020：趋势和统计》显示，暴力侵害妇女是一种普遍现象，妇女在家庭内外部都可能遭受各种暴力形式的侵害——肢体暴力、性暴力、心理暴力和经济暴力。对妇女实施暴力的人通常是她们的亲密伴侣。全球估计每天会有 137 名妇女被自己的伴侣或家庭成员杀害[②]。很多

---

① 数据来自世界卫生组织：《暴力行为的普遍程度令人震惊：全球三分之一的女性受到暴力侵害》，载世界卫生组织官网，https://www.who.int/zh/news/item/09-03-2021-devastatingly-pervasive-1-in-3-women-globally-experience-violence，最后访问日期为 2022 年 3 月 20 日。

② 数据来自联合国经济与社会事务部：《世界妇女 2020：趋势和统计》，载联合国官网，https://worlds-women-2020-data-undesa.hub.arcgis.com/pages/violence-against-women-and-the-girl-child，最后访问日期为 2022 年 3 月 20 日。

人甚至没有意识到家庭暴力是违法的行为，认为这只不过是别人的家事，不好过于干涉。

二、经济暴力

值得注意的是，人们对家暴的认识还停留在身体暴力的层面，对经济压制、精神暴力等暴力形式认识不足，还有很多受害的女性认为，为了孩子、为了这个家，忍忍就好了，更有“家丑不可外扬”等观念桎梏，让施暴者更加肆意妄为。

关于经济暴力的理解是一个不断发展的过程。联合国 1993 年《消除针对妇女的暴力宣言》,《消除对妇女一切形式歧视公约》，以及消除对妇女歧视委员会通过的关于暴力的第 12 号和第 19 号一般性建议都没有提及经济暴力，最高人民法院就原《婚姻法》[①] 所做的司法解释中也未认为经济暴力是家庭暴力。国内早年的一些家庭暴力统计中不包括经济暴力，如有关妇女社会地位调查，直到 2010 年第三次调查才出现经济暴力的统计。之后研究者和实务工作者开始指出经济暴力是普遍存在的。《中国性别暴力和男性气质研究定量调查报告》中提到：“在受访者截止调查时为止的一生中，约 23% 的男性报告曾对伴侣施加经济暴力，25% 的女性遭受过来自伴侣的经济暴力。各有 11% 和 7% 的受访者报告在过去的 12 个月中施加或遭受过经济暴力。”即在该调查中遭受过男性伴侣经济暴力的女性达到 1/4。最高人民法院中国应用法学研究所编写的《涉及家庭暴力婚姻案件审理指南》中，明确了身体暴力、精神暴力、性暴力和经济控制都属于家暴的类型。在《反家庭暴力法》的相关规定中，家暴的表现形式并没有“经济控制”的身影，但是通过经济控制给对方造成伤害，进而上升到精神方面的压抑，同样构成家暴。

人们之所以逐渐认识到经济暴力属于家庭暴力之一，是因为经济暴力给人们的身心健康甚至是家庭的和睦埋下了“定时炸弹”。对于贫困家庭来说，每个月 500 元生活费已经很满足了，但是对于小康家庭来说，实际上就是夫妻一方对另一方进行经济控制，构成家暴。在如今发达的和高消费的社会，

① 现为《民法典》婚姻家庭编。

每个月给丈夫 500 元，意味着消费能力大大减弱，然后是对妻子的经济依附，人格尊严会受到伤害，精神的压抑也会产生。经济控制之所以会成为家庭暴力的一种重要形式，是因为一旦施暴人控制了受害人的经济能力，就很大程度地控制了受害人的身心。经济控制伤害女性的自尊心和自我价值感，长期的经济控制，同样可以造成女性抑郁、焦虑、无价值和无能感。[①] 另外，经济暴力还使暴力关系持续，施暴者控制家庭财产、阻止受害者外出就业，都会导致受害者因经济困境而无法脱身。

三、精神暴力

关于精神暴力，其主要是指加害人以侮辱、谩骂或者不予理睬、不给治病、不肯离婚等手段对受害人进行精神折磨。

精神暴力可细化为语言暴力和冷暴力。语言暴力和冷暴力在家庭关系中极具破坏性和伤害性。下文将对语言暴力和冷暴力进行分别阐述。

（一）语言暴力

语言之所以有能量，是因为人们通过语言表达自己的情绪。施虐者正是利用语言的这种力量贬低或是蔑视对方。由于语言攻击常常通过明捧暗贬的形式悄悄进行，因此受虐者很难明确指出语言暴力是什么时候开始的，或者是不是真的攻击。诸如“我都说了好多次，你没有耳朵吗？”“我真的对你太失望了，什么都得我告诉你！”“你做事不用大脑吗？”等均为语言暴力的表现。所有这些令人不快的话语都会制造伤口，但施虐者并不会示好以求弥补，他们通常会无视自己造成的痛苦，甚至还会拿来开玩笑。

一句赞美的话让人如沐春风，如涓涓细流沁入心田；疾言厉色却让人怒火难消，如一把利刃杀人于无形。语言暴力虽不施加于受害者的身体，但会在内心投下挥之不散的阴影，甚至毁掉一个人的一生。关于语言暴力的伤害，可以从下面这一真实案例中窥探可见。小莉（化名）和老公结婚才 3 年，就已经忍受了 3 年的语言暴力，第一次发现老公有语言暴力是在怀孕期间，两

① 陈敏：《呐喊：中国女性反家庭暴力报告》，人民出版社 2007 年版，第 10 页。

人争吵之际老公骂了一句，当时小莉觉得整个世界都崩塌了。小莉心想：他怎么可以这样骂我？从小到大连父母都舍不得骂我，他凭什么骂我。第一次受到来自丈夫的语言暴力的小丽一个劲委屈地哭，当丈夫冷静过来道歉的时候，小莉觉得他是一时冲动，这事也就过去了。但之后丈夫开始得寸进尺，当小莉自己带着孩子没带好，或者没及时照顾到孩子，小莉老公只会指责她，说“孩子跟你一起怎么老是出问题”，小莉心里憋屈，也开始反击，反驳对方只知道说不知道做，没想到老公又开始骂小莉，其言辞激烈又口无遮拦。

话语谨慎是修己的第一要事。夫妻本是最亲密的人，理应知冷知热、彼此疼惜，把话语变成利刃伤害对方，甚至辱骂、威胁对方，这无异于在原本幸福的婚姻里埋下一颗不定时“炸弹”，使夫妻变成最熟悉的陌生人。

（二）冷暴力

冷暴力其实是一种精神虐待。冷暴力不同于肉体摧残的暴力行为，让人避无可避。身上虽没有伤痕，但心里是满目疮痍。在冷暴力中，受虐者永远在距离理解最远的一端。由于施虐者根本不肯沟通，所以直接沟通从来不存在。施虐者对于问题总是回避，使得受虐者进入一个让人觉得不安的世界。施虐者常常拒不承认两人之间有问题，不愿沟通也不愿共同寻求解决之道。如果打开天窗说亮话，冲突就有可能被解决。因此，受虐者的发言权已然被剥夺。夫妻之间最重要的就是沟通，而冷暴力像是一个巨大的黑洞，日渐吞噬两个人的感情。

第四节 ┃ 家庭暴力的法律责任

国家制定法律，保护当事人的合法权益，规定家庭暴力是一种侵犯人身权利、危害社会安全的违法行为，实施家暴的行为人应依法承担相应的法律责任。受害者可以通过民事诉讼或向公安机关报案的方式逃离家庭暴力的旋涡，阻止施暴者对自己和家人的反复摧残。那么家庭暴力实施者具体会承担哪些责任呢？

一、民事责任

我国原《婚姻法》[①]就明确禁止家庭暴力，规定配偶一方对另一方实施家庭暴力，受害方可以向人民法院起诉离婚。根据《反家庭暴力法》的规定，受害人在起诉时可申请人身安全保护令。经法院调解无效的，人民法院应准予离婚。实施家庭暴力导致离婚的，无过错方在离婚时有权请求损害赔偿。《民法典》婚姻家庭编第1079条、第1090条以及《最高人民法院关于适用〈中华人民共和国民法典〉婚姻家庭编的解释（一）》[以下简称《民法典婚姻家庭编解释（一）》]也规定了一系列制度安排，以期保护婚姻家庭中的弱势群体，对家庭暴力行为进行遏制。

二、行政责任

根据《治安管理处罚条例》[②]第40条的规定，暴力威胁他人的，处拘留并罚款。

三、刑事责任

家庭暴力达到一定的程度，会构成刑法中的虐待罪、侮辱罪、故意伤害罪、暴力干涉婚姻自由罪等。其中，施暴者通过打骂、捆绑、限制人身自由、残害或者其他手段对家庭成员从身体方面、精神方面等进行伤害和摧残，情节恶劣的，构成虐待罪，应处2年以下有期徒刑，拘役或者管制；如果致使被害人重伤或者死亡的，处2年以上7年以下有期徒刑。施暴者以暴力或者其他方法公然侮辱、贬低家庭成员，破坏其名誉，情节严重的，构成侮辱罪，应处3年以下有期徒刑、拘役、管制或剥夺政治权利。施暴者使用过激的行为，如持刀、剪刀等利器，给他人人身健康造成损害的，构成故意伤害罪。如果致人重伤造成严重残疾或者死亡的，根据《中华人民共和国刑法》（以下简称《刑法》）最高可判死刑。

---

① 现为《民法典》婚姻家庭编。

② 已废止，现为《治安管理处罚法》。

第五节 ▎家庭暴力的防范

在最高人民法院发布的《反家庭暴力法》实施一周年十大典型案例中就有这样一个案例：申请人王某（女）与被申请人罗某于2016年办理结婚登记手续。婚后王某发现罗某性格粗暴，常因家庭小事发怒，结婚还不到一个月就出现家暴行为，几次家暴造成王某身上多处青紫瘀伤。王某为躲避家暴行为返回娘家，罗某寻至王某家后殴打王某，并对王某母亲进行殴打。王某认为罗某的家庭暴力行为使夫妻双方感情彻底破裂，遂诉至黑龙江省甘南县人民法院要求与罗某离婚，该院立案受理后，王某申请人身安全保护令，请求禁止罗某殴打、威胁王某及其近亲属；禁止罗某骚扰、跟踪王某及其近亲属。黑龙江省甘南县人民法院经审理裁定王某的申请符合条件，因此禁止罗某殴打、威胁、骚扰、跟踪王某及其近亲属，裁定有效期六个月，自送达之日起生效，并分别向罗某，王某，罗某所在社区、住所地派出所送达了裁定。裁定送达后，家庭暴力没有再发生，人身安全保护令发挥了作用。最高人民法院指出《反家庭暴力法》对人身安全保护令作出了比较全面的规定，家庭成员一旦遭受家暴，可以向法院申请人身安全保护令，从而避免严重后果的产生。本案人身安全保护令的下发，促使女性提高自身权益保护意识，敢于拒绝家庭暴力，依法维护自身权益。[①]

在遭受家庭暴力的过程中，受虐者不能自暴自弃，必要时应当拿起法律的武器保护自己和家人的合法权益。

首先，受虐者应当认清家庭暴力，明白自己对婚姻或家庭的冲突负全部责任是不合理的，然后冷静客观地分析问题，不要让罪恶感支配自己。受虐者应当明白必要的自卫是保护自己和家人人身安全的正当手段。

其次，受虐者应当改变委曲求全的态度，采取行动。法律是我们对抗家庭暴力的有力武器。我们可以通过起诉离婚的方式远离家暴。我国的法律明确禁止家庭暴力，规定配偶一方对另一方实施家庭暴力，受害方可以向人

① 最高人民法院发布《反家庭暴力法》实施一周年十大典型案例之五：王某诉罗某离婚纠纷同时申请人身安全保护令案。

民法院起诉离婚。根据《反家庭暴力法》的规定，受害人在起诉时可申请人身安全保护令。经法院调解无效的，人民法院应准予离婚。实施家庭暴力导致离婚的，无过错方在离婚时有权请求损害赔偿。《民法典》婚姻家庭编第1079条、第1090条以及《民法典婚姻家庭编解释（一）》中规定了一系列制度安排，以期保护婚姻家庭中的弱势群体，对家庭暴力行为进行遏制。

在夫妻关系里，彼此忠诚是美好婚姻的基础，除此之外非常重要的另一点是彼此沟通、分享，在人生的起起伏伏中，彼此携手度过风雨，也一起分享幸福。不懂沟通，只会通过冷暴力躲避问题的行为，最终冷掉的是彼此的心。世上本就没有天生合拍的伴侣，谁不是因为一个“爱”字才心甘情愿走进婚姻？只是当时间抹去了激情，曾经相爱的两个人，不愿共情，也不再分担。最后，任由矛盾积成大山，让心冷成冰窖，相看两厌。因此，好的婚姻中最重要的是夫妻双方学会正确沟通和理解，互相体谅和珍惜，不要把对方的好当作理所当然，生活中谁都避免不了争吵，但吵不散，离不开的，才是真感情。

第四章

离婚冷静期

第一节 ｜ 什么是“离婚冷静期”？

一、我国关于离婚冷静期的规定

根据《民法典》第 1077 条的规定，自婚姻登记机关收到离婚登记申请之日起 30 日内，任何一方不愿意离婚的，可以向婚姻登记机关撤回离婚登记申请。前款规定期限届满后 30 日内，双方应当亲自到婚姻登记机关申请发给离婚证；未申请的，视为撤回离婚登记申请。换言之，是从法律的角度对登记离婚做出的限制性规定。所以，即使一方离婚态度坚决，也不可以拒绝执行冷静期。但是，如果冷静期届满后，双方无法就离婚协商一致，坚决离婚的一方可以通过诉讼途径解除婚姻关系。

离婚冷静期主要有 4 个法律特征：第一，离婚自由不是绝对自由，而是相对自由。我国《民法典》婚姻家庭编第 1078 条规定：“婚姻登记机关查明双方确实是自愿离婚，并已经对子女抚养、财产以及债务处理等事项协商一致的，予以登记，发给离婚证。”夫妻双方在自愿的基础上，对子女抚养、财产分割以及债务清偿等协商一致时才可登记离婚。第 1079 条规定的诉讼离婚中，经调解无效法院准予离婚的 5 种情形也说明了离婚自由是在法定范围内的自由。同样，离婚冷静期也是在尊重当事人真实意愿的前提下给予双方适当的时间进行冷静思考，避免冲动离婚。第二，离婚冷静期适用于登记离婚，不适用于诉讼离婚。第三，离婚冷静期的设立改变了登记离婚“即申即离”的特点。第四，设立离婚冷静期的目的是确定当事人是否有离婚的真实意愿，任何一方不愿意离婚，提出撤回离婚申请，就否定了离婚登记的要件，因而终结登记离婚的程序。①

二、其他国家关于离婚冷静期的规定

其他国家同样认可离婚冷静期制度。比如，法国规定的协议离婚有结婚时间和冷静期的限制，规定结婚后 6 个月之内不能够通过协议离婚，同样，协议离婚要求有 3 个月的考虑期。自 2005 年 3 月起，韩国也开始试行离婚熟虑期制度。起初，家事少年制度改革委员会把熟虑期暂时规定为 1 周（有家庭暴力情形的除外），还设置了配套的咨询制度。之后由于有人提出 1 周的冷静期限过短应当延长的意见，首尔家庭法院于 2006 年 3 月把熟虑期延长为 3 周。正是在这些经验的基础上，2007 年 12 月 21 日，《韩国民法典》规定了离婚熟虑期，于 2008 年 6 月 22 日起正式实施。该法第 836b 条规定：“1. 欲协议离婚者应得到家庭法院提供的离婚咨询，必要时家庭法院可劝当事人，接受具备专业知识和经验的咨询员的咨询。2. 向家庭法院申请确认离婚意思的当事人，自接受第 1 款咨询之日起经过以下各项期间后，得到离婚意思的确认：（1）有需要抚养的人时（包括胎内的子女，以下本条亦同）为 3 个月；（2）不符合第 1 项时为 1 个月。3. 因暴力将会对当事人一方造成无法忍受的痛苦等应予离婚的紧急情形，家庭法院可缩短或免除第 2 项的期间。4. 有需抚养的人时，当事人应出具第 837 条所定的子女抚养协议书及第 909 条第 4 款所定的子女的亲权人决定协议书，或第 837 条及第 909 条第 4 款所定的家庭法院的审判正本。”②

《英国家庭法》也对离婚冷静期进行了规定：双方当事人主张离婚，应该先参加信息会议。信息会议由在婚姻和法律方面具有专业知识和能力，

① 杨立新、蒋晓华：《对民法典婚姻家庭编草案规定离婚冷静期的立法评估》，载《河南社会科学》2019 年第 6 期。

② 《韩国民法典 朝鲜民法》，金玉珍译，北京大学出版社 2009 年版，第 129 页。

并且与当事人没有任何利益关系的人负责组织，主要对当事人提供心理方面的疏导和普及离婚相关法律知识、告知当事人可能会遇到的各种问题。不同类型的信息会议能够满足当事人不同的婚姻情况。对于有子女的当事人，信息会议会强调子女的愿望、情绪和福祉等内容的重要性，还会引导当事人帮助子女克服父母离婚带给他们的困扰。这种信息会议的作用在于激发父母对子女的责任意识，告知当事人可以参加咨询和调解，获得各方面的帮助。当事人独自或共同参加信息会议 3 个月后，一方或双方当事人应当向法院提出声明。声明的内容应当包括其婚姻是否有挽救的可能性，如果无法挽救，应该明确记载双方在子女、财产和其他问题上达成的协议，还应记载他们对未来的规划。法院根据声明内容为当事人指定反省与考虑期。在一般情况下，反省与考虑期为 9 个月，但根据不同的情况法院也会延长其期限。比如，有未满 16 周岁的子女，法院会延长 6 个月的反省与考虑期，但该延长可能侵害子女利益的除外；如果一方当事人在申请离婚时申请延长期限，法院也可以延长该期限。该期限自法院收到声明后的第 14 日起算。因此，当事人实际上可以冷静思考的期间是参加信息会议后的 3 个月加上法院的审查期和法院指定的反省与考虑期。在长达一年多的反省与考虑期内，双方当事人在咨询机关的专业帮助下，不仅可以认真思考其感情是否确已破裂，是否还有挽救的可能性，而且还可以就未成年子女问题进行理性思考。[①]

第二节 ❙ 关于“离婚冷静期”的争议

离婚冷静期制度一经设立，在社会上就引起了广泛的关注。公众对于离婚冷静期制度的态度不同。

① White Paper: Looking to the Future: Mediation and the Ground for Divorce (1995), 2.37; 转引自杨立新、蒋晓华:《对民法典婚姻家庭编草案规定离婚冷静期的立法评估》，载《河南社会科学》2019 年第 6 期。

一、赞同离婚冷静期的观点

支持离婚冷静期的人们认为，我国正处于经济、政治、文化、社会全面转型时期，人民的价值观也随之发生变化，“闪婚”“闪离”屡见不鲜。与“闪婚”相比，“闪离”的危害更大，不仅涉及当事人，还涉及未成年子女及其他家庭成员。离婚冷静期在一定程度上能够缓解双方当事人因冲动、赌气等原因产生的矛盾，避免子女与其他家庭成员因此受到伤害，通过婚姻关系的稳定来维护家庭关系的和谐。离婚冷静期制度并没有干涉当事人的离婚自由，只是设置了一个时间门槛，却可以改变“即申即离”的模式，并有利于减少草率离婚的发生。①

二、反对离婚冷静期的观点

反对离婚冷静期的声音也是此起彼伏。比如，在2020年全国“两会”② 上，全国人大代表、作家蒋某提出删除“离婚冷静期”的建议。通过援引《2016年中国婚恋调查报告》中的数据，她指出“闪婚闪离”的比例不足5%，“绝大多数人都是经过深思熟虑后决定婚姻大事的，法律不应该用小部分人的情况来一刀切地对待整个想要离婚的群体”。她在接受媒体采访时谈道，“这个条款出台的初衷本是为了避免当事人轻率、冲动离婚，维护家庭稳定。但以极少数人的婚姻问题强迫绝大多数人为此买单，在已经确认失败的婚姻中被迫延长痛苦，甚至因此有可能激化矛盾，增加人为冲突，很可能结果与良好初衷适得其反。”也有人认为，离婚对子女的影响并非如一些研究所反映的那么严重。孩子身心创伤的影响因素是多元复杂的，不应都归因于父母离婚事件本身或双亲缺损。甚至有网友认为，与其让人离婚前先冷静，不如结婚前先冷静。③

---

① 转自杨立新、蒋晓华：《对民法典婚姻家庭编草案规定离婚冷静期的立法评估》，载《河南社会科学》2019年第6期。

② “两会”是“中华人民共和国全国人民代表大会”和“中国人民政治协商会议”的简称。

③ 何德峰、高军：《对离婚冷静期制度的思考》，载《江苏理工学院学报》2021年第27卷第3期；马忆南：《婚姻法第32条实证研究》，载《金陵法律评论》2006年第1期。

第三节 ❙“离婚冷静期”制度自实施后有何效果?

虽然离婚冷静期制度出台后受到了一些质疑,但该制度实施后成效卓著。自“离婚冷静期”开始实施后,各地民政局公布的离婚数据引起网友的广泛关注。江苏省南京市民政局提供的数据显示,2021 年 1 月,南京共受理 2795 对夫妻的离婚申请,截至 4 月 2 日,有 874 对未共同到登记机关办理离婚登记,24 对在冷静期内主动撤回离婚申请,即近 32% 的夫妻在申请离婚后放弃办理离婚登记。此外,从江西省南昌市民政局公布的数据来看,截至 2021 年 4 月 12 日,南昌市申请离婚登记的有 4796 对夫妻,经过离婚冷静期后撤销离婚申请登记的共有 718 对,其中主动申请撤销的有 42 对,过期自动放弃的有 676 对。相较 2019 年同期办理的 4818 对夫妻的离婚申请,今年的离婚人数同比减少 3197 对,同比锐减 66%①。黑龙江、山东等地的离婚大数据也显示,放弃离婚的夫妻占比在二成至五成之间。

离婚冷静期制度自实施后,防止了不少新婚夫妻的“离婚冲动”。有这样一个真实案例,一对小夫妻经常发生争吵,原因竟然是女方经常买榴莲回家吃,男方嫌气味不佳。他们一气之下,便到民政部门申请离婚。在 30 天的“冷静期”里,他们沟通后达成了一致。男方表示,可以为女方买榴莲,让她回娘家吃。“冷静期”结束后,两人没有再到民政部门申请离婚。还有一对夫妻从外地共同来无锡打拼,男方有自己的企业,女方在家抚养两个儿子。两个孩子都长得英俊帅气,成绩也不错。但男方的企业近年来因城市产业结构调整外迁,妻子无法把握男方的动向,打电话、发视频,男方经常不理会。女方怀疑老公有外遇,老公却说妻子不理解自己,在外有时不方便接电话。两人因为无法达成沟通而提起离婚。经过 30 天的“冷静期”后,双方没有再次提出离婚。②

---

① 曹智健、杨文超:《“离婚冷静期”实施 100 天见成效:南昌市离婚人数同比锐减 66%》,载江西新闻网,https://jiangxi.jxnews.com.cn/system/2021/04/13/019245549.shtml,最后访问日期为 2022 年 6 月 1 日。

② 李圣哲:《“离婚冷静期”让他们放弃离婚》,载《沧州晚报》,http://czwb.bohaitoday.com/pad/content/202104/13/content_19403.html,最后访问日期为 2022 年 6 月 1 日。

上述数据和案例在一定程度上反映了离婚冷静期制度的可行性，也在一定程度上证明冲动离婚的夫妻不在少数。事实上，因为一时冲动而草率签署协议离婚，最终后悔的人屡见不鲜。而离婚冷静期在最大限度上给予双方极大的回旋余地，避免冲突导致不良后果的发生，也使那些想要冲动离婚的夫妻更加理性地看待婚姻问题。

第四节 ┃“离婚冷静期”到底该怎么冷静？

一、协议离婚有冷静期吗？

根据《民法典》的规定：“自婚姻登记机关收到离婚登记申请之日起三十日内，任何一方不愿意离婚的，可以向婚姻登记机关撤回离婚登记申请。前款规定期限届满后三十日内，双方应当亲自到婚姻登记机关申请发给离婚证；未申请的，视为撤回离婚登记申请。”因此，夫妻双方协议离婚后到婚姻登记机关申请离婚，有 30 天的冷静期，双方若在 30 天后仍认为双方感情破裂，可以向婚姻登记机关申请离婚。

二、离婚冷静期怎么计算？

关于如何计算离婚冷静期，我国《民政部关于贯彻落实〈中华人民共和国民法典〉中有关婚姻登记规定的通知》（民发〔2020〕116 号）中对该问题进行了详细规定：“自婚姻登记机关收到离婚登记申请并向当事人发放《离婚登记申请受理回执单》之日起三十日内（自婚姻登记机关收到离婚登记申请之日的次日开始计算期间，期间的最后一日是法定休假日的，以法定休假日结束的次日为期间的最后一日），任何一方不愿意离婚的，可以持本人有效身份证件和《离婚登记申请受理回执单》（遗失的可不提供，但需书面说明情况），向受理离婚登记申请的婚姻登记机关撤回离婚登记申请，并亲自填写《撤回离婚登记申请书》。经婚姻登记机关核实无误后，发给《撤回离婚登记申请确认单》，并将《离婚登记申请书》《撤回离婚登记申请书》与《撤回离婚登记申请确认单（存根联）》一并存档。自离婚冷静期届满后 30 日内（自冷静期届满日的次日开始计算期间，期间的最后一日是法定休假日的，以法定休假日结束的次日为期间的最后一日），双方未共同到婚姻登记机关申请发给离婚证的，视为撤回离婚登记申请。自离婚冷静期届满后三十日内（自冷静期届满日的次日开始计算期间，期间的最后一日是法定休假日的，以法定休假日结束的次日为期间的最后一日），双方当事人应当持《婚姻登记工作规范》第五十五条第（四）至（七）项规定的证件和材料，共同到婚姻登记机关申请发给离婚证。”

三、离婚冷静期内算离婚吗?

《民法典》婚姻家庭编第 1077 条规定：“自婚姻登记机关收到离婚登记申请之日起三十日内，任何一方不愿意离婚的，可以向婚姻登记机关撤回离婚登记申请。前款规定期限届满后三十日内，双方应当亲自到婚姻登记机关申请发给离婚证；未申请的，视为撤回离婚登记申请。”该法第 1080 条规定：“完成离婚登记，或者离婚判决书、调解书生效，即解除婚姻关系。”夫妻双方感情确已破裂的，冷静期满到婚姻登记机关申请离婚证后，婚姻关系解除。因此离婚冷静期内不算离婚。

四、如果在离婚冷静期内有交往对象算婚内出轨吗?

如前所述，离婚冷静期内婚姻关系并没有解除。因此夫妻一方在冷静期内有交往对象属于婚内出轨。根据《民法典》第 1079 条的规定，婚姻存续期间夫妻一方发现另一方与他人同居的，可以向法院提起离婚诉讼，法院经调解无效的应当准予离婚。

五、诉讼离婚有冷静期吗?

根据《民法典》第 1079 条的规定，夫妻一方要求离婚的，可以由有关组织进行调解或者直接向人民法院提起离婚诉讼。人民法院审理离婚案件，应当进行调解；如果感情确已破裂，调解无效的，应当准予离婚。目前来看，离婚冷静期是避免夫妻双方冲动离婚的重要措施，是夫妻双方到民政局申请离婚时的必经程序。民政部对此问题也作同样回应：“《中华人民共和国民法典》关于离婚冷静期制度的规定只适用于协议离婚。”

《民法典》虽未对诉讼离婚是否适用离婚冷静期制度作出明确规定，但《中华人民共和国民事诉讼法》（以下简称《民事诉讼法》）第127条第7项规定，判决不准离婚和调解和好的离婚案件，判决、调解维持收养关系的案件，没有新情况、新理由，原告在6个月内起诉的，不予受理。这在一定程度上体现了保障离婚自由，反对轻率离婚的思想。此外，司法实践也对诉讼离婚的冷静期制度作了积极的探索。可以说，司法实践对离婚冷静期的有益探索和经验总结，也促进了离婚冷静期的出台。2018年7月18日，最高人民法院印发《关于进一步深化家事审判方式和工作机制改革的意见（试行）》，其中第40条规定，人民法院审理离婚案件，经双方当事人同意，可以设置不超过3个月的冷静期。在冷静期内，人民法院可以根据案件情况开展调解、家事调查、心理疏导等工作。冷静期结束，人民法院应通知双方当事人。该条即是对诉讼中的离婚冷静期作出的规定，其功能在于减少冲动离婚，减少当事人之间的对抗，有利于人民法院对案件作出更准确的裁判。

毕淑敏在一篇文章中写道：“婚姻并不仅仅是快乐，是节日，是两情相悦，是生死与共，它还是考验，是煎熬，是一种对熟悉生活的破坏和一种崭新模式的建立，是包含了智慧勇气、人格意志的双方重新组合。”婚姻比恋爱更为复杂，它并不完全是一片晴空，风和日丽。它既包裹着柴米油盐，也掺杂着一地鸡毛的磕磕绊绊。

《民法典》在协议离婚的程序中设立离婚冷静期制度，是对当事人的离婚自由作出的必要限制，也是维护家庭和谐的需要，兼顾了法理和情理。国家设立家事调解员、诉讼离婚前的调解制度、离婚冷静期制度等，都是希望通过普法的过程，让当事人明白法律、信服法律，用情理去感化当事人，唤起双方对美好过往的回忆，促使双方达成一致意见，给离婚按下“暂停键”。

中国有句话叫“家和万事兴”，家庭和睦，万事兴旺。离婚冷静期看似只是短短的30天，其背后深意却不言而喻。离婚手续不再流于形式，在保障当事人享有自由解除婚姻的权利的同时，劝导那些匆忙用“离婚”来逃避现实的人重新审视自己的婚姻。当矛盾发生时，夫妻双方更应冷静下来，心平气和地沟通，寻找矛盾的根源，而不是被冲动的情绪所主导。

第五章
夫妻共同财产的区分与分割

第一节 | 夫妻共同财产

在婚姻关系存续期间所得的由《民法典》规定的财产为夫妻共同财产，归夫妻共同所有。夫妻对共同财产有平等的处理权。跟夫妻共同财产相对应的一个概念是夫妻个人财产。

《民法典》对夫妻共同财产与夫妻个人财产做了如下区分。

夫妻在婚姻关系存续期间所得的下列财产，为夫妻的共同财产，归夫妻共同所有：

- 工资、奖金、劳务报酬；
- 生产、经营、投资的收益；
- 知识产权的收益；
- 继承或者受赠的财产，但是本法第 1063 条第 3 项规定的除外；
- 其他应当归夫妻共同所有的财产[①]。

在实务中，我们需要将夫妻共同财产与夫妻个人财产、家庭共有财产、具有人身专属性的财产等区分开来。

---

① 《民法典》第 1062 条。

一、区分夫妻共同财产与夫妻个人财产

下列财产为夫妻一方的个人财产：

1. 一方的婚前财产

案例

小朱结婚前，父母给他买了1套房子，产权证上写的是小朱的名字。那么，他的妻子小吕对这套房子有份额吗？

律师观点：婚前由一方父母出资为子女购买的不动产，产权登记在出资人子女名下的，视为只对自己子女一方的赠与，该不动产应认定为夫妻一方的个人财产。

2. 一方因受到人身损害获得的赔偿或者补偿

案例

王某、陈某各自丧偶后，经人介绍相识，短暂交往1个月之后便登记结婚了。两个人因缺乏足够的了解，结婚后经常为琐事发生争吵。在婚后1年多的时间里，两人吵闹已成常事。后王某不幸发生交通事故，造成身体多处骨折、脑震荡，经过司法鉴定为十级伤残。王某受伤后，陈某对王某更加不耐烦，没有尽到夫妻之间应有的扶助及照料义务，王某感觉非常痛苦。

为尽快摆脱名存实亡的婚姻，王某起诉到法院，请求法院判令双方离婚。双方名下并没有过多的共同财产，但王某在受伤后获得了伤残赔偿金等费用约15万元。王某向律师咨询，这部分伤残赔偿金对方有权要求分割吗？

律师观点："医疗费、残疾人生活补助费等费用"与一个人的生命及健康密切相关，是对身体受到侵害的受害人进行的赔偿。由于这部分财产具有很强的人身属性，因此应当专属于受害人个人所有，而不能认定为夫妻共同财产，这样才有利于维护受害人的合法权益，为受害人得到有效治疗、能够正常生活提供法律保障。

3. 遗嘱或者赠与合同中确定只归一方的财产

案例

李某与蔡某婚后生有一子李某某。由于婚前双方缺乏了解、感情基础差，且李某有严重的酗酒恶习，婚后李某在外喝酒，醉酒后回家就动手打人，蔡某为此多次拨打 110 向警方求助。2021 年 3 月，蔡某向法院提出离婚请求，主张孩子抚养权，并要求分割夫妻共同财产。在婚姻关系存续期间，由于李某长期酗酒，双方名下一直没有多少存款，仅有一处蔡某父亲去世时通过遗嘱的方式留给蔡某的房产。

李某同意离婚，但要求分割蔡某父亲在遗嘱中留给蔡某的房产。蔡某向律师咨询，父亲在遗嘱中曾明确表示房产是留给蔡某个人的，在这种情况下，如果双方诉讼离婚，法院会不会将房屋作为共同财产分割？

律师观点：根据《民法典》的规定，立遗嘱人或赠与人在遗嘱或赠与合同中明确指出，该财产只归夫妻一方所有的，则该财产将只属于夫妻一方的个人财产，另一方配偶无权主张分割。具体到本案中，因蔡某的父亲在遗嘱中已经明确表示将房产只留给蔡某个人所有，故该房产应认定为蔡某的个人财产，李某无权要求分割。

法律之所以这样规定，一方面是为了尊重遗嘱人或赠与人的个人意愿，尊重公民对其个人财产所享有的自由处分权。另一方面也是为了防止夫妻另一方的不劳而获。以本案为例，如果将蔡某父亲通过遗嘱方式留给蔡某的房产认定为夫妻共同财产，则有酗酒恶习的李某很有可能因为没有生活压力，将所挣工资继续用于酗酒，在离婚时还能直接分得一半的房产份额，这样对于女方来说是极为不公平的。

4. 一方专用的生活用品。

5. 其他应当归一方的财产[1]。

① 《民法典》第 1063 条。

二、区分夫妻共同财产与家庭共有财产

案例

陈某和其他几个同事合伙承包了一家五金店，儿子刘某某也入股加入，共同参与生意经营。后其他合伙人相继退出，只剩下陈某与刘某某母子俩继续经营五金店。

2001年，五金店转为经营手机，儿媳也加入参与经营。在此期间，母子俩经营五金店及手机店时所得利润用于家庭生活开支。

2004年，父亲刘某给妻子陈某68000元用于手机店经营。

2005年，陈某不再经营和管理手机店，转由刘某某夫妇继续经营。

2006年，父母两人与儿子刘某某签订了家庭资金代管经营书。

2007年，全家对手机店资金进行了盘点，结果为810261.7元。

2013年，儿子刘某某终止了手机店的经营。

手机店终止经营后，因协商未果，父亲刘某起诉儿子刘某某，诉称，儿子应退还父母手机店资金的50%，即人民币40万元。

儿子刘某某辩称，因店面亏损，只愿意对父亲刘某拿出的68000元还本付息。

律师观点：对家庭共有财产的判定，一般应当考虑家庭成员是否共同生活；家庭共有财产关系是否基于一定的法律事实形成；家庭成员之间是否有家庭财产共有的约定。也就是说，父母、儿女、女婿、媳妇共同生活、劳动在一起，不分彼此，才能产生家庭共有财产。

本案中，刘某、陈某夫妇与刘某某夫妇是共同生活的家庭成员。刘某主张所涉的手机店登记在陈某和刘某某名下，二人均实际出资并经营该店。刘某也有出资，刘某某之妻也参与了具体经营。综上，手机店应为家庭共有财产。

家庭共有财产由家庭成员共享所有权，各共有人享有均等份额。也就是说，无论在权利的享有上还是义务的负担上都承担相应的份额比例。共同共有人只有在共有的基础丧失或者有重大理由需要分割时，才可以请求分割共有财产。对共有财产的分割，有协议的按协议处理，没协议的依据等分原则

处理。同时应考虑共有人对共有财产所作的贡献，适当照顾生产、生活的实际需要。

本案中，被告刘某某注销了手机店，共同共有的基础丧失，原告刘某即可要求分割共有财产。尽管原告向法院申请就共有财产分割进行调解，但因分歧大而未达成协议，此时，应当根据等分原则进行处理。关于原、被告共有财产数额的认定，根据现有的证据，应以2007年手机店资金盘点金额为准，即共有财产数额为810261.7元，以此盘点金额为基数析分财产。

三、与个人财产衍生收益的区分

对于个人财产衍生收益的归属，其区分原则在于：一方个人财产在婚后产生的孳息和自然增值属于个人所有，但利用个人财产进行理财投资而取得的收益则属于共同所有。此处需要区分和明确几个概念：孳息属于法律概念，是指由原物所产生的额外收益，分为天然孳息和法定孳息。其中天然孳息是依据物的自然性能或者物的变化规律而取得的收益，如母鸡生的蛋、牲畜下的幼崽、果树长出的果子；法定孳息则如存款得到的利息。自然增值，则是指婚前一方所有的房屋、贵金属等财产，婚后因市场价格变动而增资的部分。

对于孳息、自然增值与投资经营收益，其区分的关键在于：孳息、自然增值的重点在于“自然”，即不应该有人为的、主观的干预。而相反地，投资经营收益则是具有明确的目的性。例如，虽然通常情况下母鸡所下的蛋属于自然孳息，但如果该夫妻一方是养鸡场的农场主，其主要收入来源便是卖鸡和鸡蛋，那么鸡蛋属于其投资了大量的人力、物力而取得的经营成果，人为因素明显，此时就更宜将之认定为投资经营收益而非自然孳息。

四、区分夫妻共同财产与具有人身专属性的财产

归属于夫妻一方的个人财产，是具有人身专属性的财产。目前，《民法典》及其司法解释已经明确规定的具体情形有三种：（1）一方因受到人身损害获得的赔偿或者补偿；（2）一方专用的生活用品；（3）军人的伤亡保险金、伤残补助金、医药生活补助费。

其实不难理解，人身损害赔偿或军人的伤残补助金等，都是因为夫妻一

方遭受了身体上的损害而产生的补偿或赔偿，受害人可能因此遭受巨额医疗费用、劳动能力下滑引起的收入下降、残疾引起的精神损害等诸多损害，需要通过赔偿金来弥补损失，其后续生活也较大程度地依赖于赔偿款，故该等赔偿款项对于受害人而言具有人身专属性。而一方专用的生活用品，包括女性的化妆品、男女各自的服饰、一方的工作电脑或其他设备等，与个人生活息息相关，对夫妻其中一方的价值和作用明显高于对另一方的，且“生活用品”通常不会具有特别高的现金价值，也不会因此引起财产分配严重失衡，故法律也将其归入个人财产。

需要注意的是，住房补贴、住房公积金、基本养老金、破产安置补偿费虽然也具有一定的人身属性，但性质上更多是一种工作福利，故一定程度上可以视为劳务所得[①]。例如，在妻子为了家庭而放弃事业作为家庭主妇的情况下，其无稳定收入来源，也无法取得五险一金，若不将该等款项视为共同所得，而将之判定为有工作的丈夫一方的个人财产，则明显对妻子有失公允，故理应属于夫妻共同财产。

第二节 ┃ 夫妻共同财产的分割

一、遗嘱或赠与合同

对于婚姻关系中因遗嘱或赠与合同而取得的财产，法律规定原则上属于夫妻共有，但遗嘱或合同中另有明确约定的除外。需要强调的是，对于法条所述的“确定只归一方”，通常对于表述方式的要求较为严苛，即必须明确排除夫妻另一方的权利，而不能是采取推定的形式。例如，赠与合同中的受赠与人虽然只写了夫妻一方的名字，但没有明确排除另一方的权利，那么此时也应当认定为共有财产，因此在签订合同或订立遗嘱时务必注意强调只归于一方。

但需要提醒的是，遗嘱的订立必须具备法定要件和流程，具体参照《民

① 对于住房公积金等类型收入的认定，可参见案例“李某甲与李某乙离婚后财产纠纷再审民事判决书”，四川省高级人民法院（2013）川民提字第516号。

法典》中关于遗嘱与继承的要求。笔者曾经接触过一个案子，某家人有 4 个子女，其中大姐对老人尽到的抚养义务较多，但老人去世后，确立遗嘱将全部财产给了老三。对此其他兄弟姐妹都有异议，遂引发诉讼。而由于该遗嘱系打印，仅在落款处有老人签字，而老人生前不会使用电脑打字，且在立遗嘱时也没有见证人在场。而老三长期在外打工，并没有对老人尽到抚养义务，也未有证据证明老人平日就偏爱老三。基于种种考虑，法院最终认定遗嘱真实性存疑，判定遗嘱无效。因此，如果父母想要通过遗嘱的方式将财产赠与子女，切记需要遵循法定程序和要件，尤其在多子女家庭容易引发纠纷，需特别注意。

二、婚姻存续期间的财产分割

在婚姻仍然存续的阶段，可能出现两种财产分割情形：婚内财产协议及婚内强制析产。

（一）婚内财产协议

婚内财产协议，是指男女双方可以约定婚姻关系存续期间所得的财产，以及婚前财产归各自所有、共同所有或者部分各自所有、部分共同所有。财产协议是对法定共有或私有情形的变更，通过协议，夫妻双方不仅可以在婚姻存续期间享受各自的财产独立，即便是在离异时发生纠纷，在协议效力没有重大瑕疵的情况下，法院通常也会按照协议约定的内容作出财产分割判决。

但需要特别提醒的是，为防止夫妻之间通过婚内协议的方式将全部财产约定归属于某一方，而债务归属于另一方，从而逃避债务，法律同时规定，婚内财产协议原则上只在夫妻之间发生效力。对于其他债权人，当且仅当有证据证明该债权人知晓婚内协议的情况下，协议才对该债权人有效，此时债权人只能主张用债务人一方的个人财产进行清偿。但在举证责任的分配上，需要由债务人或其配偶来进行举证证明债权人知情，因此出现上述情形时，务必注意通过书面方式固化证据，明确债权人已经知晓婚内财产协议之存在，从而规避风险。否则，债权人有权要求将婚内财产视为共同所有，并要求以共有财产中归属于债务人的一半来清偿债务。

（二）婚内强制析产

婚内强制析产，是指夫妻对财产的使用、归属等问题发生严重纠纷，严重影响一方或双方合法行使财产权从而不得不进行分割的情况下，可以申请法院对共有财产进行强制分割。目前法律规定的婚内强制析产情形仅有两种：第一是当一方有隐藏、转移、变卖、毁损、挥霍夫妻共同财产或者伪造夫妻共同债务等严重损害夫妻共同财产利益的行为；第二是当一方负有法定扶养义务的人患重大疾病需要医治，另一方不同意支付相关医疗费用。

第一种情形较好理解，若一方采取违法措施严重侵害另一方的财产权，另一方为了阻止进一步遭受侵害，要求对财产进行分割，具有合理性和必要性。在此需要特别注意的是第二种情形，该条文将亲属重大疾病下的强制析产请求权限定于“有法定扶养义务的人”，主要包括：（1）夫妻有相互扶养的义务；（2）父母对子女有抚养义务，例如，一方是在有孩子的情况下二婚，而二婚配偶不同意前者向孩子支付抚养费的，则可以要求强制析产；（3）子女对父母有赡养义务；（4）有负担能力的祖父母、外祖父母，对于父母已经死亡或父母无力抚养的未成年的孙子女、外孙子女，有抚养的义务；（5）有负担能力的兄、姐，对于父母已经死亡或父母无力抚养的未成年的弟、妹，有抚养的义务。对于以上人员之外的，不负有法定扶养义务，而仅基于道义或个人情感因素而扶养的人员出现重大疾病时，如果配偶不同意利用共有财产救济，另一方也不能因此要求强制分割财产。

三、离婚时的财产分割

月有阴晴圆缺，人有悲欢离合，无论是企业还是家庭都可能存在解散的一天，此时便面临共有财产如何分割的问题。对于企业，这个问题较为简单，只需要对企业财产进行清算，并按照合伙份额的比例或协议之约定进行分配即可。但在家庭中，这一问题却涉及诸多因素，包括老人、子女、一方经济状况、离婚原因、是否存在过错等，非三言两语能够解释，在此基于篇幅限制，仅简要介绍一下离婚财产分割的主要原则。

（一）男女平等与公平原则

婚姻关系中，双方经济收入通常无法完全相同，势必存在一方收入相对较低，甚至没有工作的情形，但并不能由此否认该方在家庭劳务、照顾子女等方面付出的心血。法律认为，主外与主内的双方同样对家庭作出了贡献，只是方式不同，故对家庭共有财产具有平等的所有权，在财产分割时处于平等地位。但与此同时，考虑到女方通常收入较低，为家庭付出更多，离异后工作、生活，以及再婚可能相对更为困难，因此法院在分配财产时可能会适当地照顾女方。

（二）照顾子女、老人、弱势方原则

如果家庭中有未成年子女，那么离婚时在确定抚养权归属的前提下，法院会适当给予负责实际抚养子女的一方优势分配，以保护下一代的健康成长。另外，法律也规定，夫妻一方因抚育子女、照料老年人、协助另一方工作等负担较多义务的，在离婚分割财产时有权要求补偿；如果一方生活困难，有负担能力的另一方应当给予适当帮助。

（三）照顾无过错方原则

根据《民法典》的规定，如果一方在婚姻中存在重大过错的，那么无过错方在离婚时有权要求赔偿，或多分财产。该等情形包括：（1）重婚；（2）与他人同居；（3）实施家庭暴力；（4）虐待、遗弃家庭成员；（5）隐藏、转移、变卖、毁损、挥霍夫妻共同财产，或者伪造夫妻共同债务企图侵占另一方财产；（6）有其他重大过错。

值得一提的是，尽管《民法典》将重大过错限定为以上情形，但司法实践中，对于一方存在出轨、嫖娼、吸毒、赌博等问题且情况较为严重的，也可能会纳入过错范围，在财产分配时予以适当考虑。

（四）尊重意思自治原则

如上所述，法律允许当事人通过协议的方式对财产作出分配，但协议

也并非绝对的。现实中比较常见的一种情形是，妻子要求丈夫（也可能反之）签署夫妻忠诚协议，如果男方出轨则必须“净身出户”或予以高额赔偿。实践中，法院会在一定程度上尊重协议内容，但也有不少法院认为，这种协议通常并非完全自愿签署，如常发生于女方强烈要求下，男方为了维持家庭和谐而无奈签订，且协议也对男方施加了明显高于法定赔偿责任的过重义务。因此也有不少法院判决调减赔偿金额，即在充分考虑出轨方过错及协议内容的情况下，仍保留出轨方一定的财产权，以保证其基本的生存和财产权益。

第三节 ❙ 离婚纠纷中的财产分割

根据《民法典》第 1087 条规定，离婚时，夫妻的共同财产由双方协议处理；协议不成的，由人民法院根据财产的具体情况，按照照顾子女、女方和无过错方权益的原则判决。

案例

2018 年 6 月 15 日，王某诉马某离婚案二审宣判，法院判决离婚。随后，关于财产分割问题，因线索较多、双方争议较大，尚待进一步查明，基层法院继续依法另行处理。由于马某在婚姻内存在过错，夫妻二人共同财产近 2 亿元的分割对王某有所倾斜，“他获得了应有的财产”，律师表示，这个一度沸沸扬扬的官司，终于画上了“终止符”。

在离婚案宣判中，根据相关证据，法院认定马某与他人存在婚外不正当关系，违反夫妻忠实义务，夫妻感情破裂，判决解除婚姻关系，并对子女探望时间和方式进行了判定。此次协议分割的双方财产涉及房产、车、有价证券等资产，总值近 2 亿元。正是因为离婚官司中认定了马某在婚姻中的过错，给王某造成了精神损害，在财产分割中被法院认为应该对王某给予补偿，为此，这近 2 亿元的财产向王某方有所倾斜，即王某分得的数量更多。

最终，财产分割经法院调解结束，两人在财产分割协议上签字，协议生效。

对于这个结果，很多人表示不能理解。有人说，“婚内出轨不是净身出户吗？”“婚外情的一方，配分割财产吗？”

其实，婚外情≠净身出户。首先，根据《民法典》第 1062 条规定，夫妻在婚姻关系存续期间所得的下列财产，为夫妻的共同财产，归夫妻共同所有：

- 工资、奖金、劳务报酬；
- 生产、经营、投资的收益；
- 知识产权的收益；
- 继承或者受赠的财产，但是本法第 1063 条第 3 项规定的除外；
- 其他应当归共同所有的财产。

夫妻对共同财产，有平等的处理权。

从两人登记结婚的那一天起，在整个婚姻关系存续期间，法律上就默认夫妻是一个“财产共同体”，不管是哪一方取得的收入，都属于夫妻共同财产，除非双方另有财产分别所有的书面约定。

虽然一方赚钱的能力更强，钱可能都是一方挣来的，但并不能因此就否定另一方的财产共有权。那种认为“马某分走了王某的财产”的说法，显然是不符合《民法典》规定的。

“有婚外情的一方在离婚时就应当净身出户”的说法，其实是对《民法典》的误读。婚外情确实是违反了《民法典》第 1043 条关于夫妻之间应当相互忠实的义务，但是《民法典》和相关司法解释从没有过“有婚外情的一方在离婚时就应当净身出户”的规定。根据《民法典》第 1091 条规定，有下列情形之一，导致离婚的，无过错方有权请求损害赔偿：

- 重婚；
- 与他人同居；
- 实施家庭暴力；
- 虐待、遗弃家庭成员；
- 有其他重大过错。

也就是说，即使是婚外情已经达到重婚或者同居的严重程度，也只是承担离婚损害赔偿的法律责任。

虽然法院在判决中认定了马某“与他人存在不正当的两性关系，违反夫妻忠实义务”，并且还驳回了马某诉王某的名誉权诉讼，但因为没有证据证明马某“与他人同居”，因此，法院依法驳回了王某要求马某给付 10 万元精神损害赔偿的诉讼请求。

另外，如果马某存在《民法典》第 1092 条规定的情形，王某可以多分到财产，但要有证据证明对方存在隐藏、转移、变卖夫妻共同财产的行为。

夫妻一方隐藏、转移、变卖、毁损、挥霍夫妻共同财产，或者伪造夫妻共同债务企图侵占另一方财产的，在离婚分割夫妻共同财产时，对该方可以少分或者不分。离婚后，另一方发现有上述行为的，可以向人民法院提起诉讼，请求再次分割夫妻共同财产。

本案中，通过法院调解，王某和马某心平气和地达成协议，“有所倾斜”地把财产分割完毕，这场历经两年多的离婚纠纷，终于画上了一个圆满的句号。

第六章

夫妻共同财产之股权

第一节 | 股权不等于股权财产性权益

根据《民法典》第 1063 条及《民法典婚姻家庭编解释（一）》第 26 条的规定，婚前财产归一方所有，且婚前财产产生的自然增值或孳息也归个人所有。但夫妻在婚姻关系存续期间所得的投资、经营的收益属于夫妻共同财产，而投资的收益既包括婚后的投资收益，也包括婚前财产在婚后的投资收益。股权与传统意义上的固定资产不同，它作为一种特殊财产会随着企业经营和发展而发生价值变动，这也是股权及收益在认定夫妻共同财产上的难点所在，由此导致很多人在判定股权增值到底是投资经营收益还是自然增值或孳息时产生疑惑。

首先，自然增值，是指在财产所有人拥有的财产因所有人以外的变化因素的存在而出现的价值增长状态，财产所有人在此状态的发生过程中并未起到任何积极的推动作用，如持有的股票因公司业绩优异而价格攀升，房屋因所处地理位置优越、稀缺性等因素价格上涨等。在司法实践中，如果夫妻一方自婚前一直持有股权，但对股权的增值没有发挥任何作用，股权的增值主要取决于市场因素，则增值部分很可能被认定为自然增值，而非夫妻共同财产。相反，如果夫妻一方自婚前一直持有股权，但是夫妻另一方对股权的增值付出了劳动，参与了公司经营，从而导致股权增值，则股权增值部分很可能会被认定为投资收益，从而被认定为夫妻共同财产。如果夫妻在婚姻关系存续期间，共同投资股权或者设立公司，股权的增值部分作为投资收益，被认定为夫妻共同财产自不待言。所以，对投资收益抑或自然增值的判断，取决于夫妻一方或者双方是否真实地参与到了股权的增值，即夫妻一方是否参与到企业生产、经营中，促成了股权的增值。

其次，孳息指的是原物滋生新物，包括自然孳息和法定孳息，法定孳息是依照法律关系而产生的收益，一般包括利息、租金等。根据《最高人民法院关于冻结、拍卖上市公司国有股和社会法人股若干问题的规定》第 7 条规定，由股权产生的孳息是指股息以及红利、红股。如果婚前夫妻一方拥有股权，股权的红利、股息及红股等孳息原则上属于夫妻一方的个人财产。但是，如果夫妻一方自婚前一直持有股权，婚后依靠夫妻一方参与经营产生的红利、股息及红股很有可能被认定为夫妻投资形成的共同财产。如果股权投资是发生在夫妻关系存续期间，则股权的红利、股息及红股都属于夫妻的投资收益，是夫妻的共同财产。所以，作为投资收益抑或是孳息，亦取决于夫妻一方是否真实地参与到了股权投资的经营中。

股权同时涉及《民法典》和《公司法》两部法律，具有身份权和财产权的双重特征。因此，从《民法典》及财产权的角度而言，股权如果是利用夫妻共同财产作为支付对价所取得，应当由夫妻二人共同享有。但与此同时，从《公司法》和股东身份权的层面来讲，公司具有人合性和资合性，在仅夫妻一方登记为股东的情况下，另一方并不当然直接享有股东权利，而需要先行取得股东资格。至于能否取得股东资格，还需要满足法律规定的股权转让前置条件。

鉴于股权的以上特殊性，目前司法实践中的主流观点认为，不能直接把股权认定为夫妻共同财产，但股权所对应的财产利益或股权变价款应属于夫妻共同财产。因此，在双方没有达成一致，或不满足股权转让前置条件的情况下，未持股的一方很难强行要求分配股权并取得股东身份，但该部分股权所对应的现金价值却属于夫妻共同财产，即夫妻一方享有股权变价款对应份额的财产权利。其核心理由在于，有限责任公司的股权作为一种特殊的财产性权利，兼具资合性与人合性，我国《公司法》等商事法律、司法解释亦在股权的流转、股东资格的确认等方面作出了严格的限制，故未直接持股的夫妻一方不能当然享有股权，股权本身并不是严格法律意义上的夫妻共同财产。

在最高人民法院（2014）民二终字第48号案例中，艾某、张某系夫妻关系，张某与刘某签订《股权转让协议》，约定张某将其持有的A有限公司的50%的股权，以13200万元转让给刘某。艾某认为A公司股权为张某与其的夫妻共同财产，张某未经艾某同意转让股权，该转让行为无效。法院认为，股权作为一项特殊的财产权，除其具有的财产权益内容外，还具有与股东个人的社会属性及其特质密不可分的人格权、身份权等内容。如无特别约定，对于自然人股东而言，股权仍属于商法规范内的私权范畴，其各项具体权能应由股东本人独立行使，不受他人干涉。在股权流转方面，我国《公司法》确认的合法转让主体也是股东本人，而不是其所在的家庭。

我们认为，持有相似裁判观点的法院并不在少数，如在北京市第三中级人民法院（2016）京03民再26号案例中，法院认为，经法定程序处理前，某某公司在夫妻关系存续期间经营所得的资产（含未分割利润）、债权债务不属于夫妻共同财产，而是公司财产，不能在离婚纠纷中直接进行分割处理。可见，股权作为一种复合型权利，其中既包含财产权，也包含人格权、身份权等。而公司也兼具资合性与人合性的双重特征。因此，股权本身不属于夫妻共同财产，在双方未协商一致或不满足股转条件的情况下，一方不得强制要求分割股权并直接成为股东；但股权所代表的财产利益应属于夫妻共同财产，一方可以要求对方支付对应价值的现金或其他资产。

第二节 | 不同类型公司股权分割的特殊性

股权对应的现金价值属于夫妻共同财产，换言之，夫妻共同投资股权的出资额属于夫妻共同财产，股权本身并不是严格法律意义上的夫妻共同财产。但是，如果要对股权进行分割，又应当如何处理？通常来说，夫妻经营投资的营业主体类型主要包括有限责任公司、股份有限公司及合伙企业。由于股权分割实质上是一种股权转让行为，会对其他投资主体和市场主体产生影响，因此具有一定的限制。而三种市场主体基于人合性和资合性的程度不同，法律对于三者所规定的股权分割方式并不同于普通财产的分割。

一、有限责任公司的股权分割

有限责任公司股权分割的主要依据是《民法典婚姻家庭编解释（一）》第73条[①]的规定。根据该规定，有限责任公司股权分割需要满足以下几个要点：

第一，双方需就转让的份额达成一致。股权本身并不能成为夫妻共同财产并对其进行分割，但股权所代表的财产利益或股权变价款应属于夫妻共同财产。因此，在离婚时，股东配偶若想获得该股东的股权，首先需要夫妻双方协商一致；否则，基于公司人合性与股权价值的不确定性等特征，法院很难确定分配的份额及价格，从而无法强制裁判分割股权。例如，最高人民法院在（2018）最高法民申796号一案中指出："若夫妻双方不能就股权分割问题达成一致意见，为了保证公司的人合性，应对另一方请求分割的股份折价补偿。因在本案二审审理过程中，刘某坚持要求分割股权，不同意折价补偿，也不同意评估股权价值，二审判决对刘某要求分割股权的诉讼请求不予支持，并无不当。"

第二，成为股东需其他股东过半数同意。公司股权的分割可能影响公司的正常经营，对人合性造成不利影响，因此，在夫妻共同财产的分割和公司稳定运营之间，应当优先考虑有限责任公司的经济社会价值，防止股东的个人行为对其他股东和公司利益造成损害。

第三，出资份额转让需其他股东放弃优先购买权。优先购买权指在相同的转让条件之下，公司股东相较于第三方可以优先购买股权。这也是基于人

---

① 我国《民法典婚姻家庭编解释（一）》第73条规定："人民法院审理离婚案件，涉及分割夫妻共同财产中以一方名义在有限责任公司的出资额，另一方不是该公司股东的，按以下情形分别处理：（一）夫妻双方协商一致将出资额部分或者全部转让给该股东的配偶，其他股东过半数同意，并且其他股东均明确表示放弃优先购买权的，该股东的配偶可以成为该公司股东；（二）夫妻双方就出资额转让份额和转让价格等事项协商一致后，其他股东半数以上不同意转让，但愿意以同等条件购买该出资额的，人民法院可以对转让出资所得财产进行分割。其他股东半数以上不同意转让，也不愿意以同等条件购买该出资额的，视为其同意转让，该股东的配偶可以成为该公司股东。用于证明前款规定的股东同意的证据，可以是股东会议材料，也可以是当事人通过其他合法途径取得的股东的书面声明材料。"

合性之考量，其他股东对于公司经营享有更为优势的地位，可以以相对便利的条件参与公司经营。但与此同时，为保障股权转让的相对自由，法律也规定不同意对外转让的股东必须自行购买股权，否则夫妻另一方可以成为公司股东；在过半数股东反对对外出让时，则进入内部购买程序，此时先前同意对外转让的股东也有权参与购买，行使优先权。

第四，若章程有约定，应从其约定。根据我国《公司法》第71条①之规定，如果公司章程有约定其他股权转让的条件，如公司股权转让无须获得其他股东同意，公司股权转让需获得全部股东同意以及公司股权转让时其他股东不行使优先购买权等，应当从其约定。

二、股份有限公司股权分割

对于股份有限公司的股权转让，由于股份公司具有明显的资合性特征，股权转让对其他股东或公司经营层面的影响较小，故我国《公司法》《民法典》及其司法解释对股份公司并没有规定严格的分割程序。但如果公司已经上市或具有上市计划的，仍应当考虑离婚引起的股权分割是否符合上市企业监管的相关规定，具体而言：

第一，如果股票属于自由流通股，夫妻双方可以作出以下分割方式：（1）协议一致后将股票归一方所有，一方给予另一方相当于股票价值一半的补偿；（2）双方订立协议共享股票；（3）在双方都不想持股时，可以先对股票进行抛售，然后分割抛售后的价金。

第二，如果股票属于限制流通股，由于法律对其转让期限有限制性规定，在限定的期限内不得买卖。具体而言，限制流通又分为限售期内不得买卖、股票已质押、特殊主体禁止转让等情形。此时一般只能就股票的现金价值进行分割。

三、合伙企业合伙份额分割

对于合伙企业的份额分割的主要依据是《民法典婚姻家庭编解释（一）》

① 我国《公司法》第71条第4款规定："公司章程对股权转让另有规定的，从其规定。"

第 74 条[①] 的规定，根据其规定，合伙企业合伙份额分割需要满足以下几个要点：

第一，需全体合伙人一致同意。相较于有限责任公司，合伙企业体现较强的“人合性”，即合伙人之间的信任感和稳定感更强，因此若合伙人配偶欲取得合伙份额，需要合伙企业全体合伙人的同意。

第二，其他合伙人享有优先购买权。若其他合伙人不同意合伙份额被转让，在同等条件下享有优先购买权的，可以通过增持自身份额以保障合伙企业不被分裂。

第三，可进行退伙清算。若其他合伙人不同意转让也不行使优先购买权，也可以对该合伙人进行退伙清算或者通过剥离相应部分的份额对应的财产，满足合伙人配偶的分割要求。此处与有限责任公司不同，公司股东不同意转让则必须自行购买，而合伙企业则无须强制购买，但可以要求出让方退伙。

第四，视为转让情形。其他合伙人既不同意转让，也不行使优先购买权，又不同意该合伙人退伙或者削减部分财产份额的，视为全体合伙人同意转让，该合伙人的配偶依法取得合伙人地位。

综上所述，我们认为，股权、合伙份额本身并不能成为夫妻共同财产，若要对股权、合伙份额进行分割，需要满足法律对于股权、合伙份额分割的限制程序。对于有限责任公司，需要满足《公司法》对于股权转让的限制并尊重公司章程的约定。对于股份有限公司，原则上对于股权的转让没有过多的限制。对于合伙企业，由于其“人合性”最强，原则上需要全体合伙人同意。

---

① 《民法典婚姻家庭编解释（一）》第 74 条规定：“人民法院审理离婚案件，涉及分割夫妻共同财产中以一方名义在合伙企业中的出资，另一方不是该企业合伙人的，当夫妻双方协商一致，将其合伙企业中的财产份额全部或者部分转让给对方时，按以下情形分别处理：（一）其他合伙人一致同意的，该配偶依法取得合伙人地位；（二）其他合伙人不同意转让，在同等条件下行使优先购买权的，可以对转让所得的财产进行分割；（三）其他合伙人不同意转让，也不行使优先购买权，但同意该合伙人退伙或者削减部分财产份额的，可以对结算后的财产进行分割；（四）其他合伙人既不同意转让，也不行使优先购买权，又不同意该合伙人退伙或者削减部分财产份额的，视为全体合伙人同意转让，该配偶依法取得合伙人地位。”

第三节 ▎代持股权下的夫妻共同财产

合理的股权结构是公司稳定的基石，股东的持股比例是其维护自身权益的依据。但实践中，股权代持的情形时有发生。这既包括夫妻一方或双方委托第三人代持，也包括第三人委托夫妻一方代持。股权代持在夫妻共同财产的认定中，夫妻作为隐名股东委托第三人代持的股权为夫妻共同财产，而难点在对于显名股东，基于商事外观主义原则，登记在其名下的股权，是其名义的财产，除此之外，代持情形下很难查出资款的真实来源和流向，也易出现隐名股东与显名股东串通的情形，增加了举证难度。那么，股权代持中，夫妻共同财产该如何认定?

一、代持股的法律地位

所谓代持股，其本质是一种委托关系，是指实际出资人（又称隐名股东）委托名义出资人（又称显名股东）以名义出资人的身份完成公司章程以及工商登记，但实际出资以及投资权益由实际出资人享有的一种持股方式。自2011年《最高人民法院关于适用〈中华人民共和国公司法〉若干问题的规定（三）》（以下简称《公司法司法解释三》）出台后，在司法实践中，符合法律条件的代持股被认定为有效，这也是代持股现象越发普遍的原因。《公司法司法解释三》将隐名股东的确认规则分为两个层面：第一，在隐名股东和显名股东之间，若要确认隐名股东的地位，需要双方达成委托持股的合同，同时隐名股东需要实际出资；第二，在隐名股东与其他股东之间，隐名股东若要显名化，需要过半数股东同意。

值得一提的是，2019年11月最高人民法院出台的《全国法院民商事审判工作会议纪要》（俗称“九民纪要”，以下简称《会议纪要》）第28条载明：“实际出资人能够提供证据证明有限责任公司过半数的其他股东知道其实际出资的事实，且对其实际行使股东权利未曾提出异议的，对实际出资人提出的登记为公司股东的请求，人民法院依法予以支持……”很明显，《会议纪要》降低了对实际出资人显名的门槛。但是，需要注意的是，与股权一样，代持的股权本身并不是夫妻共同财产，而股权所代表的财产利益或股权变价款才是夫妻共同财产。

二、婚姻关系中股权代持的裁判要点

在了解《公司法司法解释三》对代持股规定的两个关键规则后，我们再来分析离婚诉讼中代持股的具体确认规则。

（一）代持他人的股权是否会被认定为夫妻共同财产

在司法实践中，显名股东代持他人的股权对应的出资额是否会被作为其夫妻共同财产，重点看是否有足够证据证明代持关系的真实性。需要说明的是，在现行法律下，虽然代持股协议被认定为是有效的，但由于股权代持一方面会加剧商事交易中的信息不对称，另一方面会助长规避监管等不正当行为（如规避公务员持股或避免关联交易）的发生，因此从严格意义上讲，法律对于股权代持的态度：承认有效，但不鼓励。这在裁判思路上体现为，法院会在离婚诉讼中采取“以外观主义为原则，以实质主义为例外”的认定标准，换言之，股权登记的时间落入显名股东的夫妻关系存续期间，原则上法院会认定代持股权对应的出资额及其收益为显名股东的夫妻共同财产。

例如，在（2019）浙01民终371号案件中，史某持有S公司6.06%的股权，童某向法院主张对全部股权进行分割，史某辩称该股权的一半实际上属于代同事持有，不应当全部分割。在书面代持协议、出资款银行转账凭证及代持人与隐名人的聊天记录证据的佐证下，法院认定，涉案的部分股权确属史某为同事代持，在认可代持股份真实性的基础上，法院驳回了童某主张对史某持有的全部股权进行分割的请求。从判决结果来看，在婚姻关系存续期间夫妻一方受托代持的股权不作为夫妻共同财产。

必须注意，在类似争议中，持有股权的一方可能会以名下股权系替亲朋好友代持为由进行抗辩，甚至与第三人恶意串通编造事实，以达到让另一半少分甚至不分的目的。

在（2020）川01民终2759号案件中，石某与冯某系夫妻，石某主张分割冯某持有的某上市公司无限售流通股和股权激励限售股，冯某辩称其系代案外人罗某持有。二审法院认为“冯某主张为罗某代持相应股份，既没有提交书面的代持协议，也并无其他直接证据证实几笔银行转账记录对应的法律关系，冯某所提交的股票交易记录也不能直接认定该股票交易记录与罗某转款存在直接关联性，更不能直接证实转款的性质，冯某在一审中申请证人出庭作证均系间接证明，不予采信”。综上，冯某在案件审理中未提交充分的证据证实存在股权代持行为，一审法院对某上市公司股份作为夫妻共同财产认定并无不当。鉴于股权代持具有隐蔽性或存在恶意串通的可能性，在司法实践中，如何举证代持关系存在是认定代持股权是否为夫妻共同财产的难点。

（二）股权代持的真实性判断标准是什么

认定受托人代持的股权是否为夫妻共同财产是婚姻财产纠纷的难点之一，而判断股权代持的真实性又是股权代持中的难点，可谓难上加难。判断代持关系是否真实，仍需要回到前文所述的《公司法司法解释三》规定的标准中，而且该部分举证责任完全由主张代持事实存在的一方承担，其举证责任较重，需要形成完整的证据链，从而使法官确信股权代持的真实存在，否则法官会以“外观主义”裁判认定代持事实不存在。通常来说，夫妻一方若主张代持关系存在、代持股权为夫妻共同财产，可以从以下几个方面着手：

第一，是否存在代持股合同。《公司法司法解释三》并未要求代持双方必须签订书面代持股合同，但实践中，书面的代持股合同无疑是直接证明有无委托持股关系的证据。需要说明的是，实际上，由于股权代持常常发生在亲友之间，不排除离婚时持有股权的一方伪造一份代持股合同的情况。因此，法院一般不会仅凭代持股协议认定代持关系存在，而是会综合考虑出资款凭证、隐名股东是否行使了股东权利、隐名股东与显名股东之间关系的正当性，以及其他股东是否知悉隐名股东的存在等诸多因素。在最高人民法院作出的（2013）民一终字第 138 号判决及（2013）民审字第 2326 号、（2016）最高法民申 653 号裁定中，虽然没有代持协议的存在，但法院均认可了代持事实的存在，主要便是考虑了上述因素。

第二，隐名股东是否实际缴纳或有能力缴纳出资款。在（2020）粤 01 民终 1664 号案件中，法院查明，欧某与董某 1 系夫妻，于 2016 年结婚，婚后董某 1 取得誉某公司 7.14% 的股权。董某 1 在 2018 年与董某 2 签订股权转让协议，董某 1 主张该股权系代持。一审法院认为，根据银行流水等证据认定，董某 1 在 2017 年取得的投资款系董某 2 提供，欧某不能证明董某 2 账户里的资金属于董某 1，故股权系董某 2 实际出资。二审法院在此基础上认为，董某 1 于 2015 年毕业之后，其收入不足以支持他支付巨额投资款，故董某 1 不具备支付出资款的经济能力。综上，两审法院均认为该股权不能认定为夫妻共同财产，对欧某的诉求未予支持。在实践中部分虚假的代持关系中，持有股权的一方谎称其股权是为第三方代持，但如果其主张的隐名股东实际是普通工薪阶层，而代持股权的价值又较高，则实际上该隐名股东具备出资能力的可能性较低，法院极有可能不予采信代持股的主张。

第三，隐名股东是否实际经营公司。受托的代持人不经营管理公司，但隐名股东实际经营管理公司的，也是认定股权代持的有利证据。例如，实际出资人对外代表公司联络并进行生意往来的单据与收款记录、对内管理公司并享受股东待遇的证据可作为实际经营管理的证据，支持股权代持的事实。在（2014）汕城法民一初字第 393 号案件中，谢某与何某系夫妻关系，婚后何某取得价值 141 万元的汕尾某辉实业有限公司 47% 的股权。谢某向法院提出离婚请求，并主张分割被告名下的 47% 股权；被告主张股权系替吴某代持，并提供了股东会决议、股权代持协议书与公司章程证明代持事实，提供了收款收据、送货单证明吴某一直代表公司对外开展生意往来。此外，被告还提供了工资表与业务单据，证明自己成为名义股东后吴某仍与变更前一样享受股东待遇、管理公司账务。最后法院认为，在被告提供了股东会决议、股权代持协议书、业务单据与工资表等一系列能证明代持事实与吴某参与公司经营管理的证据的情况下，原告仅有工商登记资料不足以支持其将该 47% 股权作为夫妻共同财产的主张。

综上，我们认为，股权代持，基于商事外观主义的原则，在婚姻关系存续期间，夫妻一方委托他人代持的股权对应的出资额及其收益为夫妻共同财产。但是，基于股权代持的隐蔽性，在举证上可能存在困难，当事人需要结合上述关于股权代持的真实性判断标准进行判断。

第七章

我国《民法典》视阈下夫妻共有财产之房产

第一节 | 夫妻共有房产的识别与分割

一、婚前父母出资为子女购房

父母出资为子女购房，可能出现的情形：婚前一方父母出资购房，双方父母共同出资购房，在以上情形下又会出现出资后房屋登记在夫妻何方名下的问题。父母的出资，视为对自己子女的赠与，如果没有相反约定，根据《民法典》第1063条的规定，该部分视为婚前夫妻的个人财产。同时我国的房屋登记采取的是外观主义，即不动产登记的登记人被推定为该不动产的权利人，出资、登记方式不同，对房屋产权归属的认定也有所不同，本部分将对此问题进行分析。

（一）婚前一方父母出资购房，产权登记在自己子女名下

基于父母的赠与视为夫妻一方的个人财产的结论，婚前一方父母出资，房产登记在自己子女名下，这时候要分为两种情况：其一，父母是否全额出资，如果父母全额出资，产权也登记在自己子女名下，则视为自己子女的婚前个人财产。若无其他约定，当需要分割夫妻双方财产时，这部分不能作为夫妻共同房产进行分割。其二，如果父母只是部分出资，产权登记在自己子女名下，剩余房款以按揭贷款方式支付，且由夫妻共同还贷，则分割财产时法院一般会将房屋判给登记方所有并由其继续支付剩余贷款。对于婚内共同

还贷部分及其对应的增值部分，由取得房屋的一方对另一方进行补偿。

（二）婚前一方父母出资，产权登记在双方名下

由于我国的房屋登记采取外观主义，如果登记在双方名下，则推定夫妻双方共有该房屋，因此应认定为双方的共同财产。如果双方约定了共有方式是按份共有，并进一步约定了各自份额，则按约定份额享有产权；如果双方约定了共有方式是共同共有，则夫妻对房产不分份额地享有共同的权利并承担共同的义务。在分割夫妻共同财产时，如果双方约定了共有方式是共同共有，很多法院判决就会出现不一致的地方，有的法院直接以房产登记为依据，既然双方约定了共有方式是共同共有，就判决双方平分；有的法院则会根据房屋来源、双方婚姻关系存续期间长短，以及双方对该房屋所作贡献大小等因素，进行倾斜分割，并非夫妻双方一人一半。

（三）婚前双方父母均出资，产权登记在一方子女名下

我国《民法典婚姻家庭编解释（一）》第 29 条第 1 款规定："当事人结婚前，父母为双方购置房屋出资的，该出资应当认定为对自己子女个人的赠与，但父母明确表示赠与双方的除外。"在通常情况下，婚前由双方父母出资购买的不动产，即使产权登记在一方子女名下，该出资也应当认定为对各自子女的赠与，而不能因为产权登记在一方名下就理解为对一方的赠与。分割时，一般按照出资比例进行处理。

二、婚前个人购房

与父母出资买房的法理相同，若婚前个人全额出资购房，则该房产属于《民法典》第 1063 条规定的婚前个人财产，不属于夫妻共同财产。但若婚前个人出资支付房屋首付，双方婚后共同还贷，则用于还贷的款项属于《民法典》第 1062 条规定的夫妻共同财产。由于房屋登记采取外观主义，因此出资人和被登记人也会存在不一致的情况。本部分将对婚前个人买房的情形进行分析。

（一）婚前全款购房，并登记在自己一人名下

婚前全款购房，并登记在自己一人名下的房产，属于登记方在结婚之前就已经享有所有权的财产。因此，如果双方没有相反的约定，该房产应当认定为房产登记一方的个人婚前财产。值得注意的是，该类房产在婚姻关系存续期间增值的，该增值部分是由于房地产市场行情的变化所造成，属于自然增值，按照物权的基本法理，原物产生的孳息当然归属于原物所有人个人所有。因此该增值在性质上仍为个人所有之财产。

（二）婚前全款购房，并登记在自己名下，婚后加上另一方名字

根据《民法典婚姻家庭编解释（一）》第 32 条[①]规定，如果双方没有相关的约定，加名行为视为一方对另一方的赠与，该类房产属于夫妻共同财产。当夫妻合伙面临“解散”时，应当如何分割这类房产？该类房产加名后，双方对该房产拥有共同所有权，在房产没有分割之前均是所有权人。如果双方婚姻关系结束，意味着双方没有了共有基础，财产就可以分割。共有分为两种：一种是按份共有，另一种是共同共有。如果是按份共有，因为双方当初对房产所有权约定了具体的份额，而且该约定是双方的真实意思表示，那么应按照双方约定的份额分割房屋的所有权。如果是共同共有，很多法院往往会出现不一致的判决，有的法院直接以房产登记为依据，既然双方约定了共有方式是共同共有，就视为等份共有，判决双方平分；有的法院会根据财产的具体情况作出判决，如会全面考虑购买该房产的资金来源、双方结婚时间长短、夫妻对家庭所作贡献的大小等因素，对婚前购房的配偶一方予以适当多分，避免出现显失公平的情况。我们认为，后一种判法较为妥当，这既能保证出资人的利益，也充分考虑了男女双方的感情投入，合情合理，更能说服人心。

---

① 《民法典婚姻家庭编解释（一）》第 32 条规定：“婚前或者婚姻关系存续期间，当事人约定将一方所有的房产赠与另一方或者共有，赠与方在赠与房产变更登记之前撤销赠与，另一方请求判令继续履行的，人民法院可以按照民法典第六百五十八条的规定处理。”

（三）婚前首付买房，并登记在自己名下，婚后共同还贷

根据我国《民法典婚姻家庭编解释（一）》第 78 条的规定，夫妻一方婚前签订不动产买卖合同，以个人财产支付首付款并在银行贷款，婚后用夫妻共同财产还贷，不动产登记于首付款支付方名下的，离婚时该不动产首先由双方协议处理。如果双方不能达成协议的，人民法院可以判决该不动产归登记一方，尚未归还的贷款为不动产登记一方的个人债务。双方婚后共同还贷支付的款项及其相对应财产增值部分，离婚时应根据《民法典》第 1087 条第 1 款规定的原则，由不动产登记一方对另一方进行补偿。

（四）婚前双方共同出资买房，但只登记在一方名下

首先，若另一方无法证明有出资，即使是确实有出资的，如给的是现金，如果对方不承认，其权益也是无法得到保障的。在此种情况下，往往会被法院认定为登记方的个人婚前财产。其次，若另一方能够证明其出资以及具体数额，并能证明系双方婚前基于共同所有的目的（以结婚为目的）而共同出资。在此种情况下，即使是房屋产权证上只登记了夫妻一方的名字，也应视为夫妻共同财产，在分割时按照夫妻共同财产的分割原则进行处理。最后，另一方能够证明其出资及具体数额，但不能证明系双方婚前基于共同所有的目的（以结婚为目的）而共同出资。在该种情况下，因为登记一方在婚前就获得了该房屋的所有权，房产属于产权证登记一方的婚前个人财产。非登记一方的出资则视为对登记一方的赠与或登记一方对非登记一方的个人债务。

（五）婚前双方共同出资买房，并登记在双方名下

房产共有的方式有共同共有和按份共有两种。夫妻财产的共有，有约定的从约定，没有约定的则是共同共有。在婚前双方购房时，因为没有婚姻关系，此时房产登记管理部门一般会要求两人就房产份额做出明确约定。因此，如果不动产权证上已经载明了两人的房产份额，则该份额视为夫妻约定的按份共有份额，房产应按此比例进行分割。如果有的房产登记管理部门不做要求，不动产权证上没有约定双方的房产份额，则法院会按照共同共有进行分割。

（六）婚前一方全款出资买房，并登记在双方名下

虽然购房资金全部由一方承担，但不动产权证办理到双方名下的事实表明，出资一方已与非出资一方就本来属于自己的个人婚前房产作了特殊约定，因此，该套房产应属于双方的夫妻共同财产。如果不动产权证上已经载明了各自的房产份额，则双方应按此份额分割房产。如果不动产权证上没有载明各自的房产份额，则该房产应作为共同共有财产，法院会按照共同共有进行分割。

（七）婚前一方首付买房，并登记在双方名下

虽然首付款由一方承担，但房产登记在双方名下，如果不动产权证没有约定份额，该套房产应属于双方的夫妻共同财产，法院一般情况下以平分为原则分割房产，也有部分法院会考虑出资情况，对出资方适当多分。如果不动产权证上约定了份额，则双方应按此份额分割房产。贷款一般情况下属于双方的共同债务。

三、婚后购房

（一）婚后夫妻一方用婚前个人财产出资购房，房屋登记在出资人名下

夫妻一方用婚前个人财产出资购房，如果房屋登记在出资人名下，且出资人支付了全部房款，该房屋是出资人的个人财产，房屋权属并不随婚姻关系的变动而改变；如果出资人仅支付了首付款项，剩余购房款由夫妻共同财产还贷的，那么在分割房产时，房屋首付款应该视为出资首付款一方的个人财产，而婚后房屋增值部分以及共同偿还贷款的部分，除夫妻双方另有约定外，应当视为共同财产。在分割房产时，法院一般会将房屋判给登记方所有并由其继续支付剩余贷款，对于婚内共同还贷部分及其对应的增值部分，由取得房屋的一方对另一方进行补偿。

（二）婚后夫妻一方用婚前个人财产出资购房，房屋登记在夫妻双方或另一方名下

如果婚后房屋登记在夫妻双方名下或另一方名下，在没有约定的情况下，出资人的出资行为将视为对夫妻另一方的赠与，此时房屋属于夫妻共有财产，在分割时按共同共有处理。

（三）婚后夫妻双方全额出资购房

如果该房屋已支付完全部房款，且双方约定了共有方式是按份共有，并进一步约定了各自份额，则按约定份额进行分割；如果双方没有约定份额或约定不清的，则一般视为共同共有，实际获得房屋的一方应根据房屋现有评估价值的一半对另一方进行金钱补偿。

（四）婚后夫妻双方部分出资（或付首付）购房

如果该房屋仍有贷款未清偿完毕，且双方约定了共有方式是按份共有，并进一步约定了各自的份额，则按约定份额进行分割；如果双方没有约定份额或约定不清的，则一般视为共同共有，实际获得房屋的一方应根据房屋现有评估价值减去剩余房贷后的一半对另一方进行金钱补偿，没有还清的贷款由实际分得房屋的一方继续偿还。

（五）婚后一方父母全额出资为子女购房

婚后一方父母全额出资为子女购房，根据《民法典》第 1062 条、第 1063 条及《民法典婚姻家庭编解释（一）》第 29 条第 2 款[①]的规定，有约定的依照约定处理；没有约定或者约定不明确的，除非父母在赠与合同中明确表示该房屋赠与其中一方，否则应认定为夫妻共同财产，而非个人财产。

---

① 《民法典婚姻家庭编解释（一）》第 29 条第 2 款规定："当事人结婚后，父母为双方购置房屋出资的，依照约定处理；没有约定或者约定不明确的，按照民法典第一千零六十二条第一款第四项规定的原则处理。"

（六）婚后一方父母部分出资（或付首付款）购房，夫妻双方共同还贷

在婚后一方父母部分出资（或付首付款），夫妻双方共同还贷的情况下，如果房屋登记在出资方子女名下，在分割房产时，尽管房屋登记在出资方子女名下，一般推定该出资属于对夫妻双方的赠与，按照夫妻共同财产处理；如果房屋登记在夫妻双方或夫妻另一方名下，除另有约定外，同样按照夫妻共同财产处理。若父母在出资时有约定的，应从其约定。

（七）婚后双方父母出资购房

婚后在双方父母出资购房的情形下，无论双方父母是全部出资还是部分出资，并且无论是登记在夫妻一方名下还是夫妻双方名下，一般都视为父母对夫妻双方的赠与，该赠与属于夫妻共同财产。同时，夫妻两人也无须向双方的父母承担还款义务。

第二节 ▎购置房产时应知悉的事项

正因为房产在家庭资产中的重要占比，在夫妻感情遭遇危机、夫妻关系解除时，房产的分割成为夫妻财产纠纷的焦点。唯有学会识别夫妻共同财产、学习法定析产规则，早做规划、未雨绸缪，才能让房产带来的夫妻间的猜忌少一点，相互之间的信赖多一点，使房产真正成为婚姻生活的港湾、夫妻合伙的基石。

在夫妻共同购置房产时，应知悉一些必要的注意事项。首先，对于夫妻一方或夫妻一方父母婚前出资购买的房产，在分割时涉及诸多情形。若是父母出资购买，父母出资的比例和登记是分割的关键，若是个人出资购买，另一方的参与程度和登记是分割的关键。其次，以婚前财产出资的一方，应保留出资购房凭证以证明资金来源和所购房屋为以个人婚前财产出资而非以夫妻共同财产出资，从而避免证据不足导致房产分割时产生纠纷。最后，如果

父母明确表明该房屋仅赠与夫妻一方，务必签订父母表示赠与的书面材料，如赠与合同，同时还应注意保留证明父母是实际出资人的资金来源凭证。

第三节 | 居住权与减少纠纷

《民法典》第366条规定："居住权人有权按照合同约定，对他人的住宅享有占有、使用的用益物权，以满足生活居住的需要。"居住权，是用益物权的一种，是指对他人所有的住房及其附属设施占有、使用的权利。基于居住权的物权属性，居住权设立后，无论住宅的所有权如何流转或被设置权利负担，其他权利人均无权要求居住权人搬离，而居住权人则享有在住宅内居住的权利。当居住权遭受侵害时，居住权人有权行使物权保护，要求司法机关排除房屋所有人或第三人对其居住权的妨害。根据《民法典》的规定，居住权既可以通过合同的形式设立，也可以通过遗嘱的形式设立。设立形式的多样性，有助于发挥居住权在私人财富传承与安排方面的灵活性，通过专业的设计，达到财富顺利过渡与家人妥善安置的双重目的。

《民法典》的这一制度创新，对房产的有序传承意义重大。房产对于绝大多数家庭来说，是家庭的重要资产。在我国目前的房产过户政策下，房产在传承过程中会遇到各种风险及不确定性。例如，若父母通过生前赠与的方式将房产过户给子女，将导致自身失去对房产的控制，面临着未来子女不当处分房产、挥霍家业，使自己陷入老无所居的困境。居住权制度的出台，老人可以在将房屋产权传承给子女的同时，为自己设立居住权。为此，居住权的设立真正促进了"以房养老"方案的落地实施，用更为灵活的方式达到财富传承和亲情维系的平衡。

另外，居住权也可以减少婚姻当中财产纠纷发生的频率。比如，如果某套房屋为一方个人婚前所有，若无法在不动产权证上加上另一方的名字成为产权人，至少也可以为另一方设定居住权，居住权的出现，在一定程度上可以解决房产加名这一中国式难题。男女结婚，婚前房产为个人所有，结婚时一方要求在不动产权证上加名的情况屡见不鲜，在不动产权证上加名也是引起离婚纠纷的原因之一。但是在当前形势之下，如果是贷款购房，在还清贷款之前是没有办法在不动产权证上加名的。如今有了居住权的保障，双方可以签订婚前财产协议约定对方享有居住权，即给予另一方居住权而不用出让所有权。期限可以设立为终身。如果一定要加名，等到房子贷款还完了，再注销居住权登记，把另一方的名字加到不动产权证上也是可行的。此外，双方也可以签订婚前或婚内协议，就双方离婚时注销居住权登记、经济补偿事项作出约定，为了保障婚姻纠纷中弱势方的利益，可以在离婚协议中约定另一方享有房屋的居住权，并约定好居住权的期限，为其留出合理的缓冲时间。这样应用居住权来解决婚姻纠纷中的房产分割问题，可以更好地平衡夫妻双方利益，保障弱势方的基本住房需求，减少纠纷的发生。

居住权制度的确立和落地实施，不仅有助于发挥居住权在私人财富传承与安排方面的灵活性，也有助于兼顾传承家庭财富与避免不动产继承纠纷，而法律专业人士可以结合协议、保险、遗嘱等财富工具，帮助客户达到财富顺利交接及为家人妥善安置的双重目的。

第八章

夫妻共债共签，守护夫妻个人财富安全

第一节 | 从“夫债妻还”到“共债共签”的演变

一、过去的“夫债妻还”

一档电视节目中的案例令人印象深刻。该案中，夫妻两人从无到有，共同积累了千万元的家产，生活一度幸福美满。直到有一天，妻子发现丈夫在距他们家不远的地方“养人”长达 12 年，还生了一个女儿。妻子告丈夫重婚罪，丈夫揭发妻子不忠。2010 年女方提起离婚诉讼，请求平分夫妻共同财产。但男方向法院表示家庭已经资不抵债，并称已有总计 2000 多万元的债务为夫妻共同债务，同意放弃全部夫妻共同财产。最终法院判决准予二人离婚，夫妻共同财产全部归女方。至于债务，法院部分存疑，最终认定女方需偿还借款合计 163.5 万元。

当时实行的是《最高人民法院关于适用〈中华人民共和国婚姻法〉若干问题的解释（二）》[①]（法释〔2003〕19 号），该解释第 24 条规定：“债权人就婚姻关系存续期间夫妻一方以个人名义所负债务主张权利的，应当按夫妻共同债务处理。但夫妻一方能够证明债权人与债务人明确约定为个人债务，或者能够证明属于婚姻法第十九条第三款规定情形的除外。”原《婚姻

① 已废止。现参见《民法典婚姻家庭编解释（一）》。

法》（2001 年）第 19 条第 3 款规定[①]："夫妻对婚姻关系存续期间所得的财产约定归各自所有的，夫或妻一方对外所负的债务，第三人知道该约定的，以夫或妻一方所有的财产清偿。"该条构建了关于夫妻共同债务的认定规则，即推定原则，该原则让夫妻非举债一方增加了更多的举证义务，也就是说，如果夫妻非举债一方无法证明债务人与债权人明确约定为个人债务，或者无法证明所负债务属于原《婚姻法》（2001 年）第 19 条第 3 款规定的情形，则负有偿还举债方所负债务的责任。这实际损害了非举债一方的合法权益，这种推定原则还可能导致道德风险，可能出现夫妻一方串通第三人而损害非举债一方合法权利的风险。司法实务中因夫妻一方与第三方串通虚构债务，损害夫或妻权益的案件时有发生。

二、现在的"共债共签"

为平等地保护各方当事人合法权益，最高人民法院于 2018 年出台《关于审理涉及夫妻债务纠纷案件适用法律有关问题的解释》，其中第 1 条规定："夫妻双方共同签字或者夫妻一方事后追认等共同意思表示所负的债务，应当认定为夫妻共同债务。"该条首次规定了"共债共签"原则，扭转了婚姻存续期间债务一律认定为夫妻共同债务的司法局面。该解释第 3 条规定："夫妻一方在婚姻关系存续期间以个人名义超出家庭日常生活需要所负的债务，债权人以属于夫妻共同债务为由主张权利的，人民法院不予支持，但债权人能够证明该债务用于夫妻共同生活、共同生产经营或者基于夫妻双方共同意思表示的除外。"根据该条规定由债权人负举证责任，保护了非举债夫妻一方的利益。

2021 年 1 月 1 日开始施行的《民法典》婚姻家庭编再次确认了"共债共签"原则，第 1064 条第 1 款规定："夫妻双方共同签名或者夫妻一方事后追认等共同意思表示所负的债务，以及夫妻一方在婚姻关系存续期间以个人名义为家庭日常生活需要所负的债务，属于夫妻共同债务。"根据上述规定可以看出，夫妻共同债务的成立需具备以下条件：首先，应判断该债务是不是夫妻

① 已废止。现参见《民法典》婚姻家庭编第 1065 条第 3 款。

的共同意思表示，若夫妻共同签字或事后对该债务进行了追认，应认定为夫妻共同债务。在公司经营中，如果股东会决议或者公司对外文件中附有夫妻双方的签名可能会被认定为共同经营或决策。其次，应判断该债务是否用于夫妻共同生活和共同生产经营，若债权人能够证明公司经营收益用于家庭生活，或者能够证明公司为夫妻共同经营的，也可以认定为夫妻共同债务。如果只有一方参与了公司经营，但其家庭生活主要依靠公司经营收入来维持的，亦可被认定为该债务用于夫妻共同生活。

例如，法院公布的一则真实案例，金某 1 与毛某婚姻存续期间，金某 1 向第三方金某 2 借款累计 20 万元，借条的借款人栏处仅有被告金某 1 一人签名，双方约定了借款利息。金某 1 虽认可借款事实，但一直未予偿还。金某 2 起诉要求金某 1、毛某共同偿还本金和利息。法院认为，案涉借款虽发生在两被告夫妻关系存续期间，但借条的借款人栏处仅有被告金某 1 一人签名，且借款数额已达 20 万元，明显超出家庭日常生活需要范围。虽原告称案涉借款系用于夫妻共同经营，但未提供充分的证据予以证明。被告毛某事后对债务也未予以追认。因此，法院认为本案债务不应认定为夫妻共同债务。[①] 此判决结果与《民法典》第 1064 条的规定精神相一致，充分保障了夫妻中未举债一方的合法权益。

不可否认，深厚的夫妻感情是建立在婚姻安全的基础之上的，而婚姻安全至少包括三个要素：人身安全、感情安全、财产安全。现如今，随着女性社会地位逐渐提升和经济地位逐渐独立，财产安全逐渐受到重视。一方面，夫妻共同债务认定纠纷的占比逐年递增，这说明夫妻债务的认定问题已经成为现行婚姻家事财富纠纷里较为重要的内容；另一方面，夫妻以共同财富建立起的家族企业也存在诸多隐患，权力集中、家企不分、产权不清的情形屡见不鲜。保护非举债夫妻一方的权益，在家族企业与家族财富之间建立“防火墙”确有必要。

① 转自（2017）浙 06 民终 2363 号判决。

第二节 ┃ 因举债不当引起的夫妻财产混同

虽然有了“共债共签”，但夫妻财产混同的现象时有发生。例如，在葛某与韦某、蔡某民间借贷纠纷案中，非举债方韦某因与蔡某之间未签署婚前财产分配协议导致其最终须与蔡某共同对外承担连带责任。2017 年 2 月 20 日，原告葛某与被告蔡某签订《借款合同》，约定原告借款给被告蔡某，金额为 245 万元，用途为购房，利率为月 3%，期限自 2017 年 2 月 20 日至 2018 年 1 月 19 日。原告称在合同履行过程中，蔡某向原告支付利息至 2018 年 5 月，从 2018 年 6 月开始不再支付利息。二被告蔡某和韦某系夫妻关系，二人于 2008 年 8 月 8 日登记结婚，2019 年 6 月 5 日协议离婚。离婚协议内容显示，至二被告离婚时，尚有在婚姻关系存续期间购置的房产四处，同时显示二被告有多笔共同债务，其中包括购置房产产生的房贷。2019 年 6 月 10 日，韦某签署财产共有人同意书，同意蔡某将与其共有的某风情小镇房产转让给原告，并同意将房产折价、变卖所得价款优先偿还韦某购买此房的本金 245 万元。原告提交的海南房产的认购协议和相关付款凭证复印件是被告蔡某在向原告借款时交与原告，以证实其借款的用途是购房。被告韦某称对该套房产不知情。被告韦某提交的蔡某名下张家口银行尾号 6××5、2××2，工商银行尾号 5××1，建设银行尾号 6××1 的银行账户交易明细，显示二被告之间有多笔资金往来。法院认为：“由于该笔借款发生在二被告婚姻关系存续期间，约定的借款用途为购房。同时根据原、被告的陈述和二被告离婚协议的内容，二被告在婚姻关系存续期间确实购置多处房产，从购置时间上看，均为夫妻共同财产，亦有房贷等共同债务。综上，本案借款金额 245 万元，相对于购买房产来说，并非数额较大超出家庭生活正常消费，亦符合二被告的实际生活消费水平。上述事实相结合，能够认定本案所涉借款用途应与合同约定相一致，即用于二被告婚姻关系存续期间的购买房产或其他生活消费资料，或用于因购房所负债务的偿还，房产为夫妻共同财产，则债务即为夫妻共同债务。从财产共有人同意书的内容看，虽然韦某并无认可和承担债务的明确意思表示，但其对本案原告的债权是知情的。并且，根据韦某提交的蔡某名下银行卡交易明细，二被告之间资金往来频繁，说明二被告夫妻财产混同。故，在被告无证据证明二人有婚前财产约定的情况下，本案债务应认定为夫妻共同债务。”[①]

上述案件中，由于债务发生在夫妻关系存续期间，且原告证明被告借款用于购房，从金额来看，并未超出家庭生活正常消费，因此将借款理解为夫妻共同债务合情合理。此时如果被告不能提供有力的证据予以反驳，则需要共同对外承担责任。因此，夫妻财产混同、没有签订婚前财产分割协议是韦某承担责任的根本所在。

第三节 ❙ 因经营不当被“刺破公司的面纱”

除上述举债不当引起的夫妻财产混同情形外，还有家庭企业经营给家族财富带来风险的情形。自改革开放以来，一系列政策红利使很多家族企业驰骋市场。这类企业在创业初期，其投资资金主要来源于家族财富，资源渠道单一。尤其对于中小型的民营企业来说，出于节约成本和方便经营的目的，企业的经营权、决策权往往均归属于实际控制人，出现权力集中的现象。此时实际控制人通常直接参与企业的决策、经营和管理，极易出现家企不分、产权不清而导致企业财产与家族财富混同的情形。实务中法人人格混同的案件引起了家族企业的警惕，其核心问题是夫妻公司是否可以构成一人公司。对于夫妻二人出资成立的公司，注册资本来源于夫妻共同财产，公司的全部股权属于双方共同共有。即公司的全部股权实质上来源于同一财产权，并为一个所有权共同享有和支配。股权主体具有利益的一致性和实质的单一性。在此情况下，该类公司与一人有限责任公司在主体构成和规范适用上具有高度相似性，若被法院认定构成一人公司，基于《公司法》第 63 条规定，股东需要证明公司财产独立于股东自身财产，由此带来的举证责任转移存在较高的责任风险［转自（2019）最高法民再 372 号判决］。在此种情形下，家族财

① （2020）冀 01 民终 11740 号判决。

富的风险主要是由于股东原本向公司承担的以其出资额为限的有限责任转变为无限责任，使家族财产用于清偿企业债务而导致的。

对于家族企业而言，成员间密切的亲缘关系虽然会建立起一份坚实的信任基础，但也会因企业在经营过程中财产划分不清、产权不明给家族财产带来重大风险。除上述公司法人人格混同的情形外，一些家族企业可能会因关联交易而成立多个公司，以进行利益输送。《会议纪要》中也明确列出四种过度支配与控制公司的行为，若相关行为导致公司法人人格否认，债权人可直接跨过企业而追究股东责任。此外，家族企业在经营过程中，可能会有融资的需求。在融资过程中，企业成员可能会为此提供无限连带保证责任。此时企业一旦在经营中遭遇危机，家族财富便一同承担流失的风险。因此家族企业的企业家在融资时，要充分防范家事风险。

第四节　离婚不能隔断债权债务关系

对于夫妻共同债务，即便离婚，双方对外仍然需要承担共同还款责任。《民法典》第1089条规定："离婚时，夫妻共同债务应当共同偿还。共同财产不足清偿或者财产归各自所有的，由双方协议清偿；协议不成的，由人民法院判决。"因此，即便是离婚，也无法达到将个人债务与夫妻共同债务相隔离的目的。例如，2011年，某文化传媒公司创始人李某1、李某2、李某3兄妹三人与JY文化基金公司等多名投资人签订对赌协议，双方约定若某文化传媒公司未能在2013年12月31日之前实现上市，则JY文化有权在2013年12月31日后的任何时间，在符合当时法律法规要求情况下，要求某文化传媒公司及其实际控制人或李某1、李某2、李某3中的任何一方一次性收购JY文化所持有的公司股权。到了2013年年底，某文化传媒公司未能如期上市，随后李某1也不幸因病去世。后公司骨干员工流失，顶层陷入控制权的争夺中。投资人对某文化传媒公司的前景失去信心，于是提出由某文化传媒公司进行回购。当时李某1的遗孀金某已经暂时成为公司实控人，有法院判决书认定某文化传媒公司是她和丈夫的夫妻共同财产。2017年10月，一审法院经过审理，认为李某1负担股权收购义务所得到的利益最终仍归金某，且二人未约定过财产各自所有，故根据2003年《最高人民法院关于适用〈中华人民共和国婚姻法〉若干问题的解释（二）》（已废止）第24条的规定要求金某承担连带责任。金某不服一审判决上诉，在该案二审期间，最高人民法院出台了《关于审理涉及夫妻债务纠纷案件适用法律有关问题的解释》，对夫妻共同债务的认定、排除及举证责任分配问题进行了补充解释，提出了“共债共签”制度，即夫妻双方只要共同签字或者一方事后追认等共同意思表示所负的债务，应认定为夫妻共同债务。这份司法解释的出台也是该案引起广泛关注的原因之一，不少人认为该案二审判决结果会因这份司法解释发生逆转，因为金某并未对案中的对赌协议进行共同签字或事后追认。就在大家都以为该案会因司法解释的出台而有所转机时，2019年该案二审法院仍维持原判，认为金某对于案中协议约定的股东回购义务是明知的，并且参与了公司的共同经营，以此驳回了金某的上诉请求。金某遂申请再审。2021年7月31日，金某收到最高人民法院驳回再审申请民事裁定书，这意味着金某最终仍需承担2亿元连带清偿债务。所以说，没有“共签”的债务也可能构成夫妻共同债务。

第五节 ▎隔断债权债务的解决方案

针对前述夫妻财产混同问题，为保护家庭财务安全，保护非举债方的利益，维护婚姻家庭稳定，可以提前做好相应的应对措施。那非举债的夫妻一方可采取哪些应对措施呢？

首先，非举债的夫妻一方应尽量避免在大额债务或可能大额负债的协议书上签字。根据上述《民法典》第1064条的规定，夫妻双方共同签名所负的债务为夫妻共同债务。因此，避免在大额债务协议书或可能大额负债的协议书，包括但不限于借款合同、担保合同、还款计划、承诺书等上签名，是保护非举债方利益的第一步。其次，非举债方应尽可能避免自己的资金账户与债权人产生交集。这是因为，如果发生所借款项汇入非举债方的银行账户或利用非举债方的银行账户归还借款本息等情形，极有可能被推定为有共同举债的合意。浙江省高级人民法院在《最高人民法院关于审理涉及夫妻共同债务纠纷案件适用法律有关问题的解释》（2018年）出台后下发的《关于妥善审理涉夫妻债务纠纷案件的通知》（浙高法〔2018〕89号）中明确，“若有证据证明配偶一方对负债知晓且未提出异议的，如存在出具借条时在场、所借款项汇入配偶掌握的银行账号、归还本息等情形的，可以推定夫妻有共同举债的合意”。此外，经济独立也是避免背负债务的关键。如果非举债方家庭开支完全或者大部分依赖于配偶，另一方为家庭日常生活所负的债务，原则上应当推定为夫妻共同债务，无须债权人举证即可能被认定为夫妻共同债务。最后，为了避免债权人以不知晓夫妻实行分别财产制为由要求夫妻双方对债务承担共同清偿责任，则应在举债前就以书面形式向债权人披露夫妻实行分别财产制的信息。根据《民法典》第1065条第3款规定：“夫妻对婚姻关系存续期间所得的财产约定归各自所有，夫或者妻一方对外所负的债务，相对人知道该约定的，以夫或者妻一方的个人财产清偿。”这一规定以“相对人知道该约定”为前提，因此，可以通过书面形式向债权人披露该信息。对于大额的举债，可以在披露前对夫妻财产约定进行公正，以固定其形成时间。

针对家庭企业经营给家族财富带来的风险，为避免家企不分、产权不清造成企业财产与家族财富混同，应当为家庭财产和家族企业资产设立各自独立的账户，明晰款项归属，避免交叉使用、管理重要资产。此外，通过实物隔离阻断利益输送。比如，股东在经营家族企业的过程中，切记不可把公司财产和家族财产相混同，如公司财产用于家族日常生活，常见的是股东把登记在公司名下的车辆当作私家车使用或者将公司的办公楼用于家族其他事务等。股东在处理这类型事务时，需严格区分，公司财产和家族财富是各自独立且分离的。股东不能任意使用公司车辆，如家族成员需使用公司办公楼，需要正常签署租赁合同并按照市场公允价格支付租金。若将家族物业给公司使用，可同样签订租赁合同由公司将租金支付给股东，但租金的价格必须是市场价，确保价格公允不会被认定为利益输送。家族内部权力过于集中或过于分散，都会对企业的绩效产生负面影响。保护家族企业的独立法人人格和合法财产，尊重非控股股东、非家族股东的合法利益对于企业稳步发展至关重要。

第九章
遗产管理人，延续家庭和睦

第一节 ┃ 遗产管理人制度产生的背景

从继承开始到继承人接受继承期间有一段时间，在继承人接受继承之前，遗产的归属处于不确定状态，继承人可能无条件接受继承，也可能以有限责任的方式接受继承，甚至可能放弃继承。为了保护被继承人的债权人、受遗赠人和继承人以及有权请求给予适当遗产的人对于遗产所享有的利益，必须有一种保护遗产不受侵害的制度。

我国原《中华人民共和国继承法》（以下简称《继承法》）[①] 规定了这样的遗产保管制度："存有遗产的人，应当妥善保管遗产，任何人不得侵吞或者争抢。"但是从该条规定来看，遗产保管人的确定并非完全基于被继承人的意愿，只要保管人存在事实上的保管状态，即可认为是该遗产的保管人，此处所指的"保管"，指的仅是事实意义上的保管。保管人除妥善保管的义务外，并没有其他责任，这样一来，遗产实际上并没有得到很好的管理，无法很好地保障继承人与被继承人的债权人的合法利益。

此外，随着社会的高速发展，高净值人群的财产形式凸显多样化、复杂化的特点，从过去的存款、不动产、股权、证券等，逐渐扩大到知识产权、艺术品、虚拟财产等，面对复杂的财产形态以及错综复杂的债权债务关系，

① 已废止，现为《民法典》继承编。

被继承人往往一时束手无策，难以进行管理、分割。《民法典》的遗产管理人制度，就是通过委托有专业知识和技能的人才来担任遗产管理人，对遗产进行妥善管理、分割。

《民法典》第 1159 条规定："分割遗产，应当清偿被继承人依法应当缴纳的税款和债务；但是，应当为缺乏劳动能力又没有生活来源的继承人保留必要的遗产。"随着社会的发展，遗产的形式和继承人所需厘清的债权债务关系，都超越了被继承人以往对遗产的认知以及处理的能力，时代在蓬勃发展，高净值人士遗产的处理也需要专业的知识才能应对，如果没有专业的机构或人员作为遗产管理人，逝者留下的除了伤痛之外，还有一定数量的纠纷。

由于《民法典》对遗产管理人权责进行了明确规定以及委托服务合同的制约，使其能够在制度的框架内和委托的权限内最大限度地实现立遗嘱人的意思，维护继承人的权益。例如，在电影《西虹市首富》之中，王多鱼为了继承爷爷 10 亿元遗产，需要在爷爷委托的遗产管理人的监督下，完成严苛的考验，遗产管理人在此起到的作用便是为被继承人选择合格的继承人，以最大限度地实现被继承人的意愿。并且，通过遗产管理人对遗产和被继承人债务的规范处理，能够极大地提高遗产纠纷争议解决的效率，避免继承人、债权人、债务人在无谓的争端之中消耗遗产价值，造成资源的浪费。

在这样的背景之下，遗产管理人制度应运而生。

《民法典》实施后，一些过去难以解决的家族传承难题，终于有了妥善处理的路径。在福建省厦门市，就发生了这样一起指定遗产管理人案件，法院依法适用特别程序，处理了一起财富家族维护祖宅的疑难纠纷：已故的魏姜氏遗有祖宅一处，魏姜氏生前未留有遗嘱，亦未指定其遗嘱执行人或遗产管理人。魏姜氏育有三女一子，大女儿、二女儿均已去世，儿子和三女儿早年迁居境外，现生死情况及子孙沿嗣情况均不明朗。长女魏某甲照料晚年魏姜氏，这处遗留祖宅曾由魏某甲夫妻二人管理，目前居住在这处遗留祖宅的是魏某甲的后辈。因魏姜氏继承人众多，且多人散落海外情况不明，魏姜氏身后遗留祖宅的析产确权困难重重，继承纠纷已历经两代人均未能妥善解决。目前遗产房屋已经日渐旧损，家族各支继承人就祖宅的管养维护问题纷争不断，实际居住在内的魏某甲后人也因无法定身份，而在维护祖宅时处处受到制约。

《民法典》新增了遗产管理人制度后，魏氏家族在国内的继承人提起申请，请求尽快确定祖宅的遗产管理人，以避免祖宅年久失修，大部分继承人的利益遭受侵害。法院受理案件后，充分调查了魏姜氏的后人谱系，尽最大努力联系了尚在国内的继承人参与遗产管理人协商，并追本溯源，详尽调查了魏姜氏的生前居住地、主要赡养人、祖宅历代翻迁管业情况和当前状态等案件事实。法院审理认为，本案中魏姜氏于《民法典》施行前过世，当时的法律、司法解释对于遗产管理人制度并无规定，而《民法典》增设了该制度，但魏姜氏的遗产始终未析产分割持续至今，适用遗产管理人制度能够更加妥善地处理遗产、解决遗产争议、维护继承人合法权益。法院在魏姜氏后人争当遗产管理人的情况下，创造性地引入“竞标”机制，令争当遗产管理人的各支继承人分别阐述管理遗产的有利条件、能力水平和具体方案。

由法院根据最大限度尊重被继承人遗愿、最大限度发挥遗产效用的基本原则，最终判决与魏姜氏较为亲近、对祖宅感情较为深厚、对祖宅及周边环境较为熟悉的魏某甲一支后人担任遗产管理人。[①] 得益于《民法典》新设遗产管理人制度的出台以及法院创新性的裁决，魏氏祖宅的管养维护问题就此得到解决。

第二节 ❙ 何为遗产管理人制度？

一、遗产管理人之职责

遗产管理的关键不仅在于使遗产“有人管”，更在于能使遗产得到全面、高效、专业的管理。在其位、司其职，受人之托、忠人之事。遗产管理人得益于其专业性，凸显出自身的必要性，这是从《民法典》对遗产管理人职责的详细列举中体现出来的，《民法典》在继承编第 1147 条列举了如下管理人的职责。

---

① 参见：《厦门思明区法院创新适用“竞标”方式指定遗产管理人》，载《人民法院报》2021 年 8 月 6 日第 3 版。

（一）清理遗产并制作遗产清单

遗产管理人应对被继承人的遗产有准确的把握，查清遗产的名称、数量、地点、价值等状况。在查清有关遗产的基础上，还应当编制遗产清单。

（二）向继承人报告遗产情况

遗产管理人应当向继承人报告遗产情况，提交遗产清单，使继承人了解被继承人遗产的具体情况。

（三）采取必要措施防止遗产损毁、灭失

遗产管理人应尽义务妥善保管遗产。首先，保护和维护遗产的现状。其次，如果要对遗产采取必要措施，应当以不改变标的物或权利的性质为限。如果超出必要限度，属于遗产管理人非必要的处分行为，对继承人、受遗赠人等造成损害的，遗产管理人应当承担赔偿责任。

（四）处理被继承人的债权债务

一方面，遗产管理人对被继承人的债权应当依法通过诉讼或者非诉讼等手段向债务人主张，实现被继承人的债权。另一方面，应当对有关遗产债务进行清偿，对遗产债务的清偿应当按照一定的顺序，对同一顺序等债务无法全部清偿的，可以按照一定比例进行清偿。

（五）按照遗嘱或者依照法律规定分割遗产

如果只有一个继承人，遗产管理人应当及时将遗产移交给继承人。如果有两个以上继承人，应当按照遗嘱指定或者法律规定，对遗产进行分割，将分割后的遗产移交给继承人或者受遗赠人。

（六）实施与管理遗产有关的其他必要行为

《民法典》新增这一兜底条款，未尽事宜可通过该兜底条款予以涵盖。同时，也意味着被继承人可通过协议的方式，赋予遗产管理人更多职责，如对

遗产进行占有、使用、收益、处分的权利，或可与遗嘱信托相衔接。

从《民法典》第 1147 条的规定就可以看出，遗产管理人的职责或者说权限是很大的，其中包括清理遗产、采取必要措施防止遗产毁损灭失、处理被继承人的债权债务、分割遗产等非常重要的职责或者权力。最后一款甚至还规定了遗产管理人有权利实施与管理遗产有关的其他必要行为，一定程度上来说遗产管理人拥有非常大的自由裁量权力。可见，遗产管理人在遗产的管理与分割的问题上权力巨大，对继承问题有着极为重大的影响。

二、如何制约遗产管理人?

有人或许会问，遗产管理人拥有如此大的权限，会不会滥用职权，反倒成为祸端？如果被继承人指定继承人之外的人担任遗产管理人，连至亲之人都不放心交托的巨额遗产，又怎舍得假手一个陌生人呢？关于对遗产管理人的监督制约问题，《民法典》在第 1148 条这样规定：“遗产管理人应当依法履行职责，因故意或者重大过失造成继承人、受遗赠人、债权人损害的，应当承担民事责任。”

该条规定包含两层含义：

（一）遗产管理人应当依法履行职责

遗产管理人在管理遗产的过程中，应当依法履行职责。遗产管理人在管理遗产时，首先，应当遵守《民法典》继承编的相关规定，按照第 1147 条规定的权限实施管理遗产的各项行为，包括清理遗产、制作遗产清单、报告遗产情况、处理债权债务、分割遗产等。不管遗产管理人实施哪种行为，都应当尽职尽责，不得滥用管理权限。其次，遗产管理人在管理遗产时，不得违反法律，也不得违背公序良俗。不得违反法律就是应当遵守有关法律的规定，如被继承人生前欠有税款，遗产管理人就应当依法缴纳所欠税款，而不得违法偷税漏税。此外，如果遗产所在地对处理特定遗产有特殊的风俗习惯，遗产管理人也应当尊重这些习俗。

（二）遗产管理人未依法履行职责将承担民事责任

根据本条规定，如果是因故意或者重大过失造成继承人、受遗赠人、债权人损害的，应当承担民事责任。因此，遗产管理人承担民事责任的构成要件包括：第一，遗产管理人在客观上实施了不当的遗产管理行为。遗产管理人必须是在实施遗产管理过程中给利害关系人造成了损害。如果不是因为遗产管理行为损害了继承人、受遗赠人、债权人的利益，则不属于本条规定的范畴，应当按照侵权责任编或者其他法律的规定承担责任。第二，遗产管理人在主观上有故意或者重大过失。所谓故意，就是明知会侵害他人权益而为之。所谓重大过失，就是违反一般正常管理者应尽的谨慎注意义务。第三，遗产管理人的行为给继承人、受遗赠人、债权人造成了损害，也就是遗产管理人的不当管理行为造成遗产的损失，进而损害了继承人、受遗赠人、债权人的利益。遗产管理人的前述行为造成继承人、受遗赠人、债权人损害的，需要承担民事责任，即需要承担赔偿损失等责任。

不仅法律明文规定了遗产管理人失职时的责任承担，被继承人也可以通过与遗产管理人签订委托协议，在协议中设定遗产管理人依约履职获得报酬以及相应的违约责任，以此达到进一步督促和确保遗产管理人认真履行其职责的目的。此外，如果选任律师事务所、信托公司等第三方专业机构担任遗产管理人，还将受到相关行业协会、国家监管机构的严格监管。

三、遗产管理人何以产生？

遗产管理人肩负如此重要的职责，其选任也必不可马虎。本着尊重被继承人意愿的基本原则，《民法典》明确了以下五种遗产管理人的产生方式：

- 遗嘱指定：遗嘱继承中被继承人所立遗嘱指定有遗嘱执行人的，遗嘱执行人为遗产管理人。
- 继承人推选：没有指定遗嘱执行人的遗嘱继承及法定继承中，由继承人推选遗产管理人。
- 继承人共同担任：没有指定遗嘱执行人的遗嘱继承及法定继承中，如果继承人未推选遗产管理人的，由继承人共同担任遗产管理人。

- 民政部门或者村委会担任：没有继承人或继承人均放弃继承的由被继承人生前住所地的民政部门或者村民委员会担任遗产管理人。
- 法院指定：利害关系人对遗产管理人的确定有争议的，可以向法院申请指定遗产管理人。

《民法典》规定了上述遗产管理人的产生方式，其中，专业机构或专业人员可以通过遗嘱指定、继承人委托或法院指定介入遗产管理人的产生。目前，《民法典》对于遗产管理人的选任条件以及指定遗产管理人的程序方面未作规定，为后续司法解释的出台留下很大的空间。

总的来说，遗产管理人的产生可划分为两种不同的类型：一种是被继承人主动设置，即通过在遗嘱中指定遗嘱执行人的方式提前规划；另一种则是在被继承人死亡后被动产生，即由继承人推举产生，推举不成则由全体继承人共同担任，如果没有继承人或者继承人全部放弃继承，则由民政部门或村委会担任。由此可见，遗产管理人是今后我国继承程序中必不可少的，任何人的遗产继承程序中都必须有遗产管理人的角色，其重要性、必要性可见一斑。

第三节 | 科学规划遗产管理属于高净值人群的刚性需求

对于普通老百姓来说，因为家庭结构简单、遗产规模小、财产结构简单、债务问题简单，即使不主动设置遗产管理人，最终由继承人自己共同处理也不会有太大的问题。

但是，对于中高净值人士来说，被动产生遗产管理人后果严重，主动设置遗产管理人几乎是刚性需求。主要原因如下：

其一，中高净值人士遗产规模大、财产种类众多、结构复杂、持有情况复杂、资产负债犬牙交错，因此对遗产管理人的专业要求比较高，最好提前规划；

其二，遗产管理人负责清理遗产工作，不提前规划容易引发矛盾和道德风险，遗产管理人的能力不足也容易造成财产损失；

其三，遗产管理人负责遗产保管，并需要采取必要措施防止遗产毁损灭失，如果遗产管理人能力不足，容易造成遗产毁损灭失，还容易引发道德风险；

其四，遗产管理人负责处理被继承人的债权债务，处理不当也容易造成遗产损失，并且容易引发道德风险；

其五，遗产管理人负责主持遗产分割工作，不提前规划很容易引发争产纠纷；

其六，遗产管理人还有实施与管理遗产有关的其他必要行为的权力，不提前规划容易引发道德风险；

其七，家庭关系复杂的中高净值人士，其继承人众多且关系复杂，若不提前规划，推举遗产管理人将非常困难，如由全体继承人担任遗产管理人，很容易陷入僵局，甚至引发激烈纠纷；

其八，中高净值人士的遗产中通常有股权、风险类投资及众多代持财产，若不提前规划遗产管理问题并指定遗产管理人，这些需要持续管理的资产极有可能在旷日持久的继承程序中产生大量损失。

综上所述，对于中高净值人士来说，主动指定遗产管理人并且提前做好遗产管理规划确实属于刚性需求。综观全球，与艺术家、名人有关的遗产纠纷频现。如今，遗产可以通过健全的法律法规、成熟的机构运作模式得到更为合理的分配和使用，通过遗嘱安排指定遗产管理人负责遗产规划与管理，同时配合家族信托、人寿保险、基金会等遗嘱替代工具的规划，往往可以有效避免身后的遗产争端。

第四节 ❙ 专业律师担任遗产管理人或成趋势

通常，被继承人身故后留下的不只是遗产，还有伴随遗产分配而来的错综复杂的利益关系，其中裹挟着诸多身份关系处理、公司纠纷处理的难题，此外还会涉及债权债务清偿，税收缴纳。从法律角度上看，财富传承、遗产继承问题，不仅涉及传统的继承法法律关系，更为重要的是涉及公司法、合同法、知识产权法等多领域法律关系，如果缺乏具备足够专业知识、具有专业实务经验的专业人士把关，对遗产进行妥善管理，极有可能使巨额遗产遭受毁损、灭失，不仅会导致遗产管理结果违背被继承人当初的意愿，也可能会损害被继承人的债权人、继承人的利益，造成无法挽回的严重后果。

遗产管理规划是一个极度深入的系统工程，需要在深入、详细了解被继承人的家庭情况、资产情况、债务情况、代持情况、企业经营情况、被继承人真实传承意愿以及相关亲属的态度等的基础上进行科学合理的规划。遗产管理人在接受委托后被继承人去世之前就需要进行一系列的工作，包括制作被继承人现有的财产清单，包括金融资产、不动产、股权、贵金属珠宝收藏品、债权、代持财产等，并且需要定期检视。同时还要协助被继承人订立遗嘱，利用各种金融、法律工具做好传承安排，甚至需要做好意定监护的安排，防止被继承人丧失行为能力后财产被监护人侵害。以上一系列工作牵涉到被继承人最核心的财产信息、最隐秘的家庭信息以及被继承人最真实的想法，这就决定了对于高净值人群来说，遗产管理人的人选需要从最专业、最可靠的群体中产生。律师是天然适合担任遗产管理人的专业人士，尤其是家庭的私人财富律师，因为其具备令人信任与专业双重属性。此外，律师作为专业的第三方主体，有司法行政机关和行业主管部门进行有效监管，比之由继承人本人做遗产管理人有“中立”“公正”的优势，信用度更是远超其他中介机构。

2020 年 12 月 4 日，杭州互联网公证处发布《机构遗产管理人入库备案名单公示》[①]，有 30 家机构入选首批推荐的机构遗产管理人数据库，30 家机构中有 29 家都是律师事务所；2021 年 7 月，广东省深圳市律师协会完成深圳市遗产管理人律师库相关工作，经层层筛选、严格把关，共有 357 名律师成为深圳市遗产管理人律师库成员[②]；2021 年 9 月，重庆市两江公证处整合公证、律师、信托、保险等各种资源，成立遗产管理人服务中心，并设立遗产管理人库，进行公开招募，“为人民群众提供法律与金融全方位服务，预防和解决

① 参见浙江省杭州市杭州互联网公证处：《机构遗产管理人入库备案名单公示》，载 http://www.netnotary.org.cn/qtgzw/index.xp?doAction=list&id=13337，最后访问日期为 2022 年 3 月 21 日。

② 参见深圳市律师协会：《关于公布深圳市“遗产管理人”律师库名单的通知》，载 http://www.szlawyers.com/info/3d22dd9c34884c27bcff02fee907ec95，最后访问日期为 2022 年 3 月 21 日。

因家庭财产传承所引发的纠纷，保障家庭财产安全与保值增值”[①]。从长远来看，随着遗产管理人制度逐渐得到越来越多人的认可及践行，专业律师担任遗产管理人也将得到更多肯定，甚至可能形成“立遗嘱，找律师”“选遗产管理人，找律师”的普遍认知。

虽然《民法典》继承编较之《继承法》，已经在选定程序及权利责任等方面进一步细化，但是相对于遗产管理制度比较成熟的英国、日本、德国等国家，仍存在需要完善的内容。鉴于遗产管理的需求增长、遗产种类的多样化，指定律师事务所等专业机构作为遗产管理人将成为大势所趋，随着将来《民法典》配套司法解释的完善，遗产管理制度中适配不同遗产管理人主体的具体实务操作也将逐步清晰，使遗产管理中的相关人士有法可依。面对日益复杂的遗产继承问题，尤其是高净值人群的财富传承难题，遗产管理的逐步规范化和专业化，能够保证遗产的顺利和谐继承，最大限度地保障财富得到传承。

---

① 参见人民网:《两江公证处联合市律协打造“协同服务中心”》，载 http://cq.people.com.cn/n2/2021/0919/c367650-34922149.html，最后访问日期为 2022 年 3 月 21 日。

第十章

家族信托——传承财富，更传承爱

第一节 | 什么是家族信托?

家族信托作为信托的一种，是委托人出于家族财富保全、传承和管理的目的，基于对受托人的信任，将委托人合法所有的财产委托给受托人，并将委托人家族成员指定为受益人，由受托人按照委托人的意愿，以自己的名义，为受益人的利益或其他信托目的，对信托资产进行管理运用的信托安排。

目前，国内设立家族信托的法律依据主要为《中华人民共和国信托法》（以下简称《信托法》）和银保监会 2018 年发布的《信托部关于加强资产管理业务过渡期内信托监管工作的通知》（以下简称 37 号文）。根据《信托法》第 3 条规定，委托人、受托人、受益人在中华人民共和国境内进行民事、营业、公益信托活动，适用本法。因此，《信托法》关于信托原理、架构及当事人的权利义务职责等内容，均能相应适用于家族信托。同时，37 号文还对家族信托规定了信托财产金额或价值不能低于 1000 万元的设立门槛，并明确家族信托受益人应为包括委托人在内的家庭成员，且委托人不得为唯一受益人，同时进一步指出以追求信托财产保值增值为主要信托目的，具有专户理财性质和资产管理属性的信托业务不属于家族信托，进而从信托受益人、信托目的等方面将家族信托业务与资产管理业务相区别，体现了家族信托在家庭财富管理传承、家族治理等方面的独特作用。

银保监会 2018 年下发的 37 号文，首次从监管层面对家族信托做出了界定，即家族信托是指信托公司接受单一个人或者家庭的委托，以家庭财富的保护、传承和管理为主要信托目的，提供财产规划、风险隔离、资产配置、子女教育、家族治理、公益（慈善）事业等定制化事务管理和金融服务的信托业务。

第二节 ❙ 家族信托有什么功能?

在我们进一步了解家族信托有什么功能之前，可以先看一下这个令人扼腕叹息的案件。

2021 年 9 月 26 日，富豪李某乙被 500 亿市值 A 股大股东“通缉”，最高悬赏 2162 万元。

根据上海市第一中级人民法院发布的消息，此次案件的被执行人是某贸易公司以及李某乙，执行悬赏期限为 1 年，自 2021 年 9 月 10 日起至 2022 年 9 月 9 日止。据上海市第一中级人民法院介绍，举报人提供李某乙下落并成功找到李某乙，美某集团承诺奖励举报人 10 万元，奖励金额在找到李某乙之日起 3 个工作日内向举报人支付。举报人提供真实有效且本院尚未掌握的被执行人名下财产线索，一旦查明属实、具备执行条件并实际执行到位，美某集团承诺按实际执行到位金额的 10% 予以奖赏。经计算，举报人最高可获得 2162 万元的悬赏金额。

2003 年 1 月，李某乙因父亲李某甲遇刺，而中断了在澳大利亚的学习，回到国内继承由其父亲一手建立的某钢铁集团，担任集团董事长兼总经理，李某乙的身价曾超百亿元。不过，因为李某乙对钢铁行业不感兴趣，而热衷于股权投资、金融，这导致李某乙旗下的企业于 2014 年开始出现资金链断裂，债务危机爆发。最终从知名富豪变成被人悬赏 2162 万元的“老赖”。2014 年，某钢铁集团进入破产程序，全面停产。

如果李某甲在生前就设立家族信托，特别是股权信托，让对钢铁行业不感兴趣的李某乙作为股权信托的受益人，而非某钢铁集团的实际运营人，李氏家族的悲剧也许可以避免。如果李某甲在生前能够为李某乙设立哪怕只有

1000万元的现金信托，委托一个信誉良好的信托机构作为受托人来打理财产，并把李某乙列为受益人，那么李某乙也不会沦落到后面的境地。

从上面的案子中我们可以看到，家族信托可以起到传承规划、风险隔离、资产管理、回报社会、激励和约束家族等作用，具体言之，其功能主要体现在以下几个方面：

财产规划和传承：家族信托通过将家族资产委托给信托公司进行专业管理运用，可以防止家族后代的挥霍，避免家族财富的缩水。同时，通过灵活的受益人设置和信托利益分配规则，能够实现财富的跨代传承，为家族成员提供长期、稳定、安全的现金流，保障家族成员未来的优渥生活。

风险隔离：凭借信托财产的独立性，家族信托可以在委托人与资产之间建立隔离层，防止未来发生委托人死亡、婚变或陷入债务危机等情形时，财产陷入继承纠纷、配偶分割或被债权人追索，导致家族财富流失、企业股权动荡进而影响企业正常发展等风险。同时，通过信托文件的约定，可以将信托受益权约定为受益人个人所有，防范未来后代婚姻变动导致财富流失风险。

资产配置：家族信托凭借信托公司在资产配置和财富管理方面的先天优势，能够按照不同的信托目的（投资、慈善、家族生活保障、财富传承等），为客户配置差异化投资标的，构建符合客户风险承受能力的合理投资组合，提高家族资产回报率。此外，客户还可根据资产状况和自身偏好，进行信托财产的追加和赎回，并对信托期限、收益分配、资产配置方式、比例等要素进行阶段性调整。

家族治理：在家族信托业务实践中，高净值客户的财富大多以家族企业的形式呈现，家族财富由家族成员共同持有。通过家族信托结合家族治理机制的安排，将家族信托管理与家族治理相衔接，完善家族企业的治理决策机制，提前完成对二代家庭成员的财产分配和传承安排，可以避免家族后代成员在家族财产和企业经营权方面的纷争，顺利完成代际交接，保障家业长青。

公益慈善：家族信托可以依照委托人的意愿，以部分信托财产专门投资公益慈善事业，承担社会责任。

防止代持风险：因防范债务风险、资质、私密性等原因，很多高净值客户都会或多或少采取资产代持安排。但不得不说，代持是一种风险极高的财富安排，代持人发生任何风险，代持财产在法律上都将被视为代持人的财产，从而导致各种纠纷。家族信托不仅能实现财产代持的全部功能，还能从法律层面实现风险隔离和财产保全，回避因代持导致的财产纠纷。

第三节 ▎家族信托是否能隔离风险？

正如我们前面所说，银保监会 2018 年下发的 37 号文，首次从监管层面对家族信托做出了界定，即家族信托是指信托公司接受单一个人或者家庭的委托，以家庭财富的保护、传承和管理为主要信托目的，提供财产规划、风险隔离、资产配置、子女教育、家族治理、公益（慈善）事业等定制化事务管理和金融服务的信托业务。在这其中，“风险隔离”是家族信托非常重要的一个功能。就这个问题，我们可以从家族信托被强制执行的典型案例来进行探讨。

一、家族信托被强制执行的典型案例

2021 年 4 月，在一起财产纠纷案件中，武汉市中级人民法院冻结了债务人已经设立的信托中的财产及受益权。而在债务人提出异议后，法院作出（2020）鄂 01 执异 661 号民事裁定书，裁定继续维持冻结措施。随后，不少新闻媒体称此事为“家族信托被执行第一案”，声称家族信托不再具有风险隔离的功能，更是将此事推向风口浪尖，在业界引起轩然大波，引发了法律人和财经界人士的激烈讨论。

基本案情：胡某与杨某原本系夫妻关系，在二人离婚前，胡某与张某发生婚外情，并生下一子。2016 年 1 月 28 日，张某作为委托人，张某之子、张某的父母、舅舅和外婆，作为共同受益人，以 3080 万元银行存款为初始信托财产，设立了家族信托，同时约定从 2018 年 1 月开始，每月向受益人张某之子支付信托利益 6 万元，其他受益情况暂时不详。2019 年 11 月 6 日，武汉市中级人民法院依据杨某的申请，裁定查封、冻结了该信托财产及受益人

的受益权。

债务人异议：信托资金被冻结后，张某向法院提出执行异议，认为：信托资金受法律保护，法院不应对其实施财产保全，已保全的部分应立即解除。根据《会议纪要》第95条的规定，除符合《信托法》第17条规定的情形外，人民法院不应当对信托公司专门账户中的信托资金采取保全措施申请。另外，胡某出于法定抚养义务为他与张某的非婚生子设立的家庭信托基金，基金所获收益用于其非婚生子的生活、教育等开销，由于孩子尚未成年，异议人作为法定监护人起到代管职责，因此本案中异议人没有不当得利，不符合《信托法》第17条之规定。

法院裁判：法院认为：第一，本院对于案涉信托合同项下资金的冻结，该冻结措施不涉及实体财产权益的处分，不影响信托期间内信托管理人对张某的信托财产进行管理、运用或处分等信托业务活动，只是不得擅自将张某的本金作返还处理，不属于对信托财产的强制执行。因此，保全信托合同项下信托资金不违反《信托法》的相关规定，合法有效。第二，本院对案涉信托合同项下信托基金收益的冻结，根据已查明的事实，上述信托利益受益对象即信托基金受益人为案外人张某之子，如认为本院执行行为损害信托基金受益人的权益，可由案外人张某之子向本院提出排除执行异议。张某提出此项异议，主体不适格。

二、律师评述

从裁定书来看，法院的裁判理由主要有两点：一是法院认为目前仅是对案涉财产进行冻结，并非强制执行，故不违反《信托法》；二是法院认为对于收益权部分仅能由受益人提出异议，张某作为委托人主体不适格。

但其实，这两点理由均难以成立。

1. 关于冻结保全与强制执行的界限问题

《民事诉讼法》第103条规定：“人民法院对于可能因当事人一方的行为或者其他原因，使判决难以执行或者造成当事人其他损害的案件，根据对方当事人的申请，可以裁定对其财产进行保全……”可见，查封冻结等保全措施之目的在于保障强制执行的可实施性，防止债务人在强制执行之前转移财产。若法院认为信托财产不可强制执行，那么也就没有必要对其采取保全措施。

此外，最高人民法院在《会议纪要》第 95 条明确规定：“……在信托依法设立后，该信托财产即独立于委托人未设立信托的其他固有财产……当事人因其与委托人、受托人或者受益人之间的纠纷申请对存管银行或者信托公司专门账户中的信托资金采取保全措施的，除符合《信托法》第 17 条规定的情形外，人民法院不应当准许。已经采取保全措施的，存管银行或者信托公司能够提供证据证明该账户为信托账户的，应当立即解除保全措施……”可见，在《信托法》第 17 条规定不得对信托财产强制执行的基础上，最高人民法院也已经进一步明确规定不得对信托财产采取保全措施。因此，本案中法院所谓的“保全并非强制执行”这一说法并不成立。

2. 针对异议主体的问题

从法律救济的原理来讲，凡是案件的利害关系人，都应当赋予其一定的救济途径。而在信托制度中，委托人作为信托关系的建立者，信托是基于其提供的财产而设立的，其与信托财产存在直接法律关系，应当允许其提出异议，寻求救济。而《信托法》第 17 条第 2 款也规定：“对于违反前款规定而强制执行信托财产，委托人、受托人或者受益人有权向人民法院提出异议。”可见，法律层面亦认可了委托人有权对信托受益权的执行或保全措施提出异议。另外，由于张某之子尚且年幼，张某作为其母亲兼法定代理人，亦有权以自己的名义提出请求。所以，法院所主张的必须由受益人提出异议，委托人不是提出异议的适格主体的观点是错误的。

3. 法院裁判亦有合理性

尽管本案中法院阐明的理由不成立，但综合全部案情来看，法院之所以冻结案涉信托财产，确实基于一定的合理考量。律师分析，其主要考虑因素可能有以下几点。

（1）案涉信托财产发生不合理减损，若不及时冻结可能会损害相关方利益。

本案裁定书查明的事实显示：2016 年年初始信托成立时，初始信托财产 3080 万元；而在后续冻结及异议过程中，信托公司却出具声明称，根据最新的估值数据，截至 2020 年 7 月 31 日信托财产净值为 11830320.73 元。而根据信托合同的约定，信托受益人为委托人的儿子、父母亲、舅舅和外婆等 5

人，其中张某之子的收益为从 2018 年 1 月开始每月领取 6 万元。假设其他受益人的受益数额与此相当，那么 5 个人每月收取 30 万元，2 年时间最多领取 600 余万元，但实际上信托资产却在这两年时间内减损了近 2000 万元，且这还没有考虑到信托行业平均每年 5%—7% 的收益率。案涉信托的减损情况显然不符合常理，因此法院在查明情况之前将信托资金暂时冻结，以防止进一步减损造成债权人利益损害也具有合理性。

（2）案涉信托约定了变更和解除条款，实际上有损信托的独立性。

本案中，根据信托合同约定，五年内委托人有权终止信托，并且若委托人没有书面终止信托的意思表示，则信托期限自动变更为 50 年或全部信托财产分配完毕。另法院查明，2020 年 5 月 30 日，委托人与受托人签订信托受变更函，将上述信托受益人由委托人张某之子、父亲、母亲、舅舅和外婆 5 人变更为张某儿子一人。

而无论是根据信托法的基本理论，还是依照国际惯例来说，家族信托若要实现其独立性的核心功能，首要的就是委托人必须从形式和实质两个方面基本完全放弃对于信托财产和信托事务的控制。若允许委托人随意解除合同或变更受益人，实则导致信托变相沦为委托人的个人理财工具，也就失去了保护信托独立性的意义。但由于对于放弃控制权的问题我国并未明确作出规定，相反《信托法》第 51 条规定的可以解除合同或变更受益人的情形包括“信托文件规定的其他情形”，因此在相关法律修订前，仍然应当依法操作。

（3）案涉信托的设立在一定程度上有违公序良俗。

《民法典》第 143 条将“不违背公序良俗”作为法律行为有效的条件之一，换言之，违反公序良俗的法律行为无效。而本案中，委托人张某信托资产的主要来源为已婚男士胡某在婚外情期间的赠与，该等行为明显违背我国的基本道德观念。尽管法院并未对赠与行为以及设立信托的有效性进行评价，但可能也一定程度考虑到这一因素，故而依照胡某前妻杨某的申请作出保全裁定。另外，张某也曾在异议中提出，所涉信托的受益人是张某与胡某的非婚生子，信托财产应当视为胡某对张某之子所支付的抚养费，但其实本案中由于信托受益人一开始还包括张某的父母、舅舅和外婆等人，无法完全视为抚养费，且金额明显超出抚养费的正常标准，故张某的这一主张难以成立。

（4）后续进展与救济途径。

根据律师在中国裁判文书网的检索结果，在661号裁定之后，张某又以受益人张某之子的名义再次提出异议，而武汉中院已经做出了784号裁定，终止了对于信托受益权部分的保全，但仍然维持了对于信托资产本身的冻结。可见，武汉法院纠正了其上第二点错误，即对于异议主体的限制，但对于保全与执行的关系方面还是未作出令人信服的解释。

而总体上，基于目前我国的《信托法》及相关法律法规在规定信托独立性的同时，并未明确作出例外规定，反而在第51条认可了允许通过信托合同约定的方式赋予委托人解除权或变更受益人的权利，在这一方面没有明确的限制，因此在现行法没有规定的情况下，武汉法院的做法尽管具有一定的合理性，但也容易引起争论。当然，法律都是靠司法实践得以推动，法院这一具有突出意义的判例，也可能会成为此后信托法律修改的催化剂。

但同时，笔者认为，若想要在符合现行法框架的同时保障杨某的利益，其申请对信托财产及收益权进行保全并非万全之策，更为合理的做法可能是申请撤销信托。根据《信托法》第12条规定，委托人设立信托损害其债权人利益的，债权人有权申请人民法院撤销该信托。人民法院依照前款规定撤销信托的，不影响善意受益人已经取得的信托利益。鉴于委托人张某信托资产的主要来源为已婚男士胡某在婚外情期间的赠与，即应当认为信托资产原本属于夫妻共同财产，杨某作为前妻有权申请撤销信托。而由于5位受益人分别为张某的儿子、父母、舅舅和外婆，具有明显的亲属关系，对其是否为善意受益人的问题也能提出较大争议。因此，主张撤销信托可能比申请对信托进行保全更有利于债权人利益，更符合法律之规定，也能让武汉中院避免道德和法律冲突的问题。

可见，所谓的“第一案”，更多是因为信托资金来源违反法律规定、违反公序良俗而导致的。法院在法律规定与道德法理之间摇摆，意图找出一个平衡点，并由此作出了“保全但不执行”这样一个裁定。同时，案涉信托符合撤销条件，但债权人的主张仅仅是申请冻结，诉讼策略的失误也是导致这一案件陷入争议较多的重要因素之一。

但是，从这一案件可以看出，尽管法院冻结了信托财产，但解释为“保全不属于执行”，也体现出法院仍然不敢对信托财产最终进行执行的态度，故而信托的独立性并没有被否认。而如果委托人能够保证信托资金来源合法，不存在其他违反法律法规禁止性规定的情形，则信托独立性仍然能够得到保障。

第四节 ▎股权家族信托打通家族与家族企业的“任督二脉”

对于绝大多数家族企业而言，家族财富都集中于家族企业的股权。实践中，传统的股权继承存在传承路径不通畅、传承方式单一、传承结果不佳等问题，而家族信托在保证财富传承通道通畅的基础上，还能满足传承者对财富的保值、增值要求，可谓打通了股权传承的“任督二脉”。我们将从司法实践中的股权继承实例出发，分析股权继承中的诸多问题，随后提出股权可以运用家族信托的方式传承，克服传统股权继承的弊端。

一、传统股权继承存在的问题

继承是股权传承的重要方式，它是传承者会选择的方式之一。为研究传统股权继承的问题，我们以“股权继承”为关键词，在“无讼案例”进行检索，自 2017 年至今共有 1188 条检索结果，以继承纠纷和公司纠纷为案由的案例共有 736 例，占总量的 62%，其中，在与公司纠纷相关的案例中，共有 200 例与公司股东资格确认相关，占到公司纠纷案件总量的 50%；在与继承纠纷相关的案例中，共有 135 例与法定继承纠纷相关，占到继承纠纷案件总量的 45% 左右。可见，在股权继承之中，股东资格的确认和法定继承事宜是股权继承纠纷的“重灾区”，而在股东资格的确认纠纷之中因章程约定不明、股权代持问题产生的纠纷最多，在法定继承纠纷中因继承资格产生的纠纷最多。接下来，本书以案例为基础，分析实务中股权继承存在的问题，以明晰股权继承的困境。

二、章程约定不明导致的继承困难

根据《公司法》第 75 条之规定，自然人股东死亡后，其合法继承人可以继承股东资格；但是，公司章程另有规定的除外。自然人的股权原则上可以继承，但是如果章程存在限制性规定，则股权的继承会变得十分困难。例如，在启东市 ×× 房地产开发有限公司（以下简称 ×× 公司）、周某某股东资格确认纠纷（2018）最高法民终 88 号案中，一审法院认为，公司章程并无明确排除股东继承的规定，支持了周某某继承其父在 ×× 公司的股权。

二审法院认为，×× 公司在 2007 年公司章程中规定，“自然人股东死亡后，其合法继承人可以继承股东资格”，但是在公司之后历次修改章程时，都将此条删除，并于 2015 年在公司章程中规定：“对正常到龄退休、长病、长休、死亡的股东，应及时办理股权转让手续。”同时公司章程中还规定，“股东不得向股东以外的人转让股权……股本金实行动态持股管理办法”。据此，最高人民法院认为，“自 2009 年起章程中删除了继承人可以继承股东资格的条款，且明确规定股东不得向股东以外的人转让股权，可以反映出 ×× 公司具有高度的人合性和封闭性特征。虽然未明确死亡股东的股东资格不能继承，但结合该条所反映的 ×× 公司高度人合性和封闭性的特征，以及死亡股东应及时办理股权转让手续的表述，可以认定排除股东资格继承是章程的真实意思表示”。

上述案例中，×× 公司在章程中并无明确排除股权继承的表达，二审法院结合章程中继承条款的删减和股权不能对外转让的规定，认定股权无法继承，这实际也是人民法院在审理股权继承纠纷时的裁判规则，即章程的规定是优于法律适用的。由此产生的问题在于，若章程约定不明或章程明确排除继承，如何处理。在研究的数据中，章程对股权继承有约定的公司有 10 家，无约定的达 432 家，一方面，章程约定不明不利于纠纷的解决，对于法院和当事人，都缺少争议解决的指引；另一方面，约定过于明确，例如章程约定股权不可继承则可能直接导致股权继承不可能发生。

为解决此问题，人民法院会以引导转股、退股、引进第三方投资人的方式化解新老股东的纠纷，这在一定程度上照顾了公司人合性的特点，但是从财富传承的角度来看，继承人可能无法在纠纷解决的过程中实现股权的价值。由此可见，根据《公司法》第 75 条依靠公司章程继承股权，并非最好的选择。

三、代持股份造成的继承困境

最高人民法院在（2015）民申字第497号再审裁定中载明，“在股权确认纠纷中，继承人要求确认由他人代被继承人持有的股权归继承人所有，法院不予支持。因继承人取得被继承人财产权益属于继承纠纷，与股权确认纠纷不是同一法律关系，法院仅对代持股事实进行确认，即法院仅确认被继承人与他人之间是否有代持股关系，被代持股权是否归被继承人所有，而不是对被继承人股东资格的确认，故不应将属于被继承人的实体权利直接判归继承人所有”。

由此确立的裁判规则为，股权代持的继承问题会被认定为两个法律关系，即股东资格的法律关系和继承的法律关系，在两个关系存在区分的情况下，如果继承人欲直接取得被代持的股权，成为公司股东，可能难以得到支持，需重新提起股东资格确认的请求。一方面，对于继承人来说，如果想获得股东资格，需要付出额外的诉讼成本，这在财富传承的过程中是不经济的。另一方面，股权代持在实践中并不少见，在研究的案例中，由股权代持引发的纠纷案例有百余例，占到了公司纠纷的25%左右，是股权继承问题高发区。由此可见，如果存在股权代持，股权的传承路径就不通畅了，也存在价值传递的困境。

四、股权继承造成的经营僵局

在检索到的案例之中，因法定继承产生的纠纷主要分为两类：一类为继承人因争夺继承权产生的纠纷，另一类为继承后继承人与公司发生的纠纷。实际上，这两类问题是因果关系，即因继承人对股权继承的争议，继而造成了公司经营出现问题。在山东省威海市中级人民法院（2016）鲁10民终936号案件中，继承人杨某持有威海××经贸有限公司80%的股权，于2013年3月1日去世，生前未立遗嘱。通过法院判决，杨某的股权由其5位继承人共有。持有公司20%股权的股东杨某文认为，杨某继承人实际控制公司后，公司处于停业状态，被多家债权人起诉，公司已经资不抵债，遂提出解散公司的诉讼。此案经一、二审法院审理，最终二审法院认为，“公司股东之间对于公司的股权结构、公司的控制等已发生重大争议，并陷入僵局”，判决公司解散。

公司本身具有一定的人合性，公司的设立和运转在一定程度上也是基于股东之间的信任，当出现股权继承的情况，继承人能否与其他股东实现互信，共同经营实际上存在一定的不确定性。尤其是在自然人存在多位继承人的情况下，继承人之间以及继承人与股东之间能否就公司后续的运营达成一致意见存在更大的不确定性。因此，在传统的股权继承上，可能会因为继承出现公司经营困境，从而无法达到股权价值传承的目的。

五、股权家族信托的含义

所谓股权家族信托，是指家族企业的股东作为委托人出于财富保护或传承的目的，将其所拥有的股权委托给受托人，由受托人按照委托人的意愿以自己的名义，为受益人（通常是家族成员）的利益进行管理或处分的行为。例如，某集团的陈氏家族通过股权信托对股权进行集中，就是股权家族信托的典型应用。1997 年成立的某集团，原本由陈氏兄弟分别持股，陈某 1 和陈某 2 为集团主席和副主席；陈某 3、陈某 4 和陈某 5 三人为执行董事和高级副总裁；陈某 1 夫人陆某为联席总裁。为完成 2005 年 12 月赴香港上市的目标，陈氏家族将集团业务进行了重组，于 2005 年 7 月在开曼群岛成立了某地产（03383.HK），并将分散的家族股权集中后注入一间名为 Top Coast 的投资公司，以其作为陈氏家族信托的受托人，陈氏五兄弟及陆某为其受益人。目前，Top Coast 仍拥有某地产 60.8% 的股权，为其第一大股东，能直接参与股东大会和董事会的决策。陈氏家族通过股权家族信托实现了股权集中，并达到了特定的信托目的。

六、股权家族信托的价值

股权家族信托的价值首先在于“传承和管理家族企业”。

一般而言，高净值人士都希望家族后代可以将其创办的企业发扬光大，增加家族的财富，因此他们会尽量给后代铺路。然而，并非每个子女都对家族企业的经营感兴趣，他们可能对其他职业更加渴望或更有天赋，优秀企业家的后代未必也是优秀的企业家，他们很有可能是其他方面的优秀人才。当然，有的后代也有可能相对平庸，缺少接管家族企业的意愿或经营企业的能力，使得家族企业股权直接继承的方式无法顺利推行，如巴菲特的儿子霍华德、彼得分别是摄影师、音乐人，无一进入伯克希尔·哈撒韦投资管理机构。据调查，约35%的受访继承人希望可以接掌家族企业，帮助家族企业更好地发展。其他65%—75%的受访继承人则希望以引入职业经理人，或者以只担任股东的方式延续家族企业的经营，或者转卖并退出家族企业。鉴于上述现状与需求，股权家族信托在家族企业传承和管理方面体现出了重要作用。实践中已有很多高净值人士通过设立股权家族信托来解决上述问题：他们并不是直接把财产分配给家族成员，而是委托其他人或机构管理资产与分配开支，从而使得家族成员将股东和营运者的角色分开，可以放手任用精明干练的职业经理人管理家族企业，保障家族成员即使不经营家族企业也可以生活无忧。在具体的股权家族信托中，还可以根据委托人的要求设置一些特定条款，如规定家族财产不可分割或信托不可撤销等，以避免家族成员分产导致股权分散，丧失对家族企业的控制，或因争产导致家庭失和等风险。股权家族信托的价值其次在于实现对家族企业的控制。

中国家族信托的发展历史较短，但是也正在一步步走向完善。我们相信未来会有越来越多的企业家选择家族信托这一工具。目前，中国内地企业家所设立的海外家族信托更多的是借鉴中国香港地区家族信托的成功经验，通过信托机构持有家族企业股权。我国香港地区有216家上市家族企业，至少约有30%的企业以家族信托的形式控股[①]。以家族信托进行控股的主要优势是可以有效集中股权，帮助家族后代维护家族与企业的特殊资产。家族的核心理念、政商关系等特殊资产，与创办家族难以分割，家族成员必须积极参与企业管理，才能发挥这些资产的潜在价值。在中国内地，采用家族信托来实现对家族企业控股的案例不在少数。家族信托将创办股东的所有权与经营权分开，让其不再直接持有公司股份；但同时，家族信托又牢牢控制着绝对优势股权，保证家族对企业的持续控制。

---

① 参见21世纪经济报道：《上市前公司股份信托方兴未艾管窥小米六层信托架构》，载新浪网，https://news.sina.com.cn/c/2018-08-06/doc-ihhhczfc0965859.shtml，最后访问日期为2022年5月28日。

在现行《公司法》的体系下，传统的股权继承面临价值无法传递的困境，也面临传递后公司新老股东破坏公司人合性的问题。而股权家族信托可以通过委托的方式，使家族成员将股东和营运者的角色分开，实现股权的传承。同时，在不破坏公司人合性的前提下，家族股权信托可以在最大限度上保证企业的稳定运营，实现股权的保值增值，避免了传统继承的劣势，打通了股权传承的“任督二脉”。

第五节 ▎保险金信托：走进千家万户的财富传承新工具

之前我们多次谈到家族信托的好处：对家族企业治理、财富传承、财产配置顶层设计、合理避税等都有明显的优势。有的读者可能会想，这都是有家族企业或者富人们考虑的事情，与大多数人的关系不大。那今天我们就来谈一谈其实已经火了一阵子的“保险金信托”，普通人也可以将它作为财富传承的工具使用。

看到这里，读者们心中可能有了疑问：我知道保险，也知道信托。保险，可以分散风险，它可以作为一种持续、稳定的投资收益。信托，可以有效隔离债务、合理节税。但什么是保险金信托？

一、保险金信托概述

保险金信托，是以保险金请求权作为财产设立信托，可仅就一张保单设立信托，也可结合现金、股权、房产等其他多种类型财产成立信托。

目前市场上较为普遍的是人寿保险金信托，将人身保险合同的相关权利（如身故受益权、生存受益权、分红领取权等）及对应的利益（如身故理赔金、生存金、保单分红等）作为信托财产，当保险合同约定的给付条件发生时，保险公司将按保险约定直接将对应资金划付至对应的信托专户。

保险金信托是保险与信托的强强联手，一定程度上可以说是结合了保险与信托的双重优势。

二、保险金信托的独特优势

1. 更低的资金门槛，服务人群广泛。

相较于家族信托的金额高门槛，保险金信托的“起步价”更为大众所接受。

2018 年 8 月 17 日，中国银行保险监督管理委员会信托监督管理部下发了《关于加强规范资产管理业务过渡期内信托监管工作的通知》（信托函〔2018〕37 号），通知中指出：家族信托财产金额或价值不低于 1000 万元。

目前国内市场上，家族信托也确实主要分为两种：一种是 1000 万元以上的标准化家族信托；另一种是 5000 万元以上的私人订制家族信托。可见家族信托的资金门槛还是比较高的，而且一些高净值人群有希望以少量资金体验信托架构的需求，保险金信托明显更适合这类人群。

业内通常将保险金信托视为财产权信托，因此并未设置 1000 万元的门槛。一般而言，单张保单总保费或终身寿险单张保单保额在 300 万元以上即可成立纯保险金信托。而一张保额 300 万元的终身寿险实际需要缴纳的总保费可能只要 100 万元左右（由于被保人年龄、健康状况等不同，定价有所不同），而且客户还可选择分期缴纳保费，相比直接设立信托，分散了现金流压力。

由此可见，不仅仅是高净值人士，广泛的工薪阶层，如公务员、白领，也完全有条件将保险金信托作为财富传承的手段。

2. 资金的杠杆，实现财富增值。

笔者认为这一点，其实是保险金信托的最大优势，即通过“保险 + 信托”的结合，利用两种金融工具和制度保障的独立性、确定性、杠杆性和灵活性，充分发挥风险保障功能、财富管理功能和财富传承功能。

以人寿保险为例，投保人可以通过每年缴纳较少保费，在保险事故发生时获得所纳保费数倍的赔偿金额，即通过保险赔付实现财富增值，再将数额巨大的保险金纳入信托架构，通过信托机构的资产管理优势实现个人财富的保值增值。

事实上，也正是由于保险金信托的优越性，保险金信托往往成为家族信托的重要组成部分。

3. 后代挥霍的防护栏，助力财富传承。

相比单纯的保险，保险金信托的优势也是非常明显的。以人寿保险为例，当被保险人身故发生理赔或满期保险金给付时，大额保险金将一次性支付给保险受益人，此时将面临保险受益人拿到保险金后挥霍无度的风险，这明显有悖于委托人财富传承的初衷。

而依托保险金信托，赔付的保险金将进入信托机构，信托机构会依照当初与投保人订立的信托合同，来向后代分配信托收益，定期、定额给后代发放资金，或者也可以在信托合同中约定领取的条件，这样，后代只有通过努力达到了相应条件，如考上知名大学、获得硕士学历、创业，才能获得财富，可以有效降低“富不过三代”状况的发生概率。

4. 方便快捷的保单对接，免除烦琐手续。

为了合理安排财富并使其在保值的基础上实现稳健增值，高净值客户的保险意识崛起相对较早，往往在设立信托架构前，早已配置很多份不同险种的保单，而其中年金保单、终身寿险保单等是可以直接对接信托的。

信托直接对接已有保单的操作意味着，在实务操作中，高净值客户无须再做烦琐复杂的公司筛选或产品对比，只需选择信任多年的保险公司增加相应保单的保额，即可迅速搭建私人的保险金信托架构。

5. 更加隐私的验资过程，保障个人权益。

根据《信托法》第 7 条规定，设立信托，必须有确定的信托财产，并且该信托财产必须是委托人合法所得的财产。也就是说，在设立信托时，需要按照监管的要求向信托机构提供合法资金的来源证明。

很多客户出于对隐私的保护，并不愿意或不方便提供相应资金来源的证明，这让部分客户在家族信托的路上望而却步。但是，若该客户先投保了一张大额人寿保单，再在未来的某一刻将保险金请求权或保险合同受益权接入信托，那么只要之前投保时保单承保，之后信托机构就会认为保险公司在承保的过程中已经做了资金审核，保险金请求权或保险合同受益权接入信托时则不再需要验资。这样一来，整个过程的验资要求会低很多，从而保护了客户的隐私。

在设立信托时，有的委托人可能不希望配偶知晓。但根据《民法典》婚姻家庭编第 1062 条第 2 款规定，夫或妻非因日常生活需要对夫妻共同财产做重要处理决定，夫妻双方应当平等协商，取得一致意见。

设立信托的资产通常涉及大额现金、股权乃至房产，明显已不属于日常生活所需的范围，必然需要配偶同意，所以在实务操作中，信托机构会要求客户配偶签署同意函——同意委托人用夫妻共有财产设立信托，否则信托机构无法接受委托，除非客户能够提供非常明确的证据，证明设立信托的财产全部为婚前个人存款，非夫妻共同财产。

相较之下，若该客户给自己购买人寿保单，上面的投保人与被保险人都是自己，未来保险金请求权或保险合同受益权接入信托时就仅需自己签字，规避了因夫妻异议无法成立信托的风险。

6. 定制的财产分配方案，完美契合需求。

（1）受益人为未成年的情形

案例：A 女士与 B 先生离婚后，A 女士与年幼的儿子共同生活，A 女士为自己投保了一份大额人身保险，受益人是儿子一人。某日，A 女士突然遭遇不幸，身故，保险公司理应赔付给儿子，但由于儿子尚未成年，只能由前夫 B 先生代管。实践中，儿子的财产安全难以获得保障，这也显然并非 A 女士购买保险时所希望的。

关于这个案例，其实有较好的解决办法——设立保险金信托。未成年儿子所获赔偿金由信托公司打理，在儿子未成年之前仅向监护人（前夫 B 先生）发放儿子的生活费，待儿子成年后便直接根据信托文件将钱逐笔给到儿子手里，以此保障未成年孩子的财产安全和日后生活。

（2）受益人数多、法律关系复杂的情形

案例：F 先生为自己投保了人寿保险，在家族成员中指定了多个受益人，但 F 先生的家族成员构成复杂且家庭成员众多，涉及养子女、继子女、外籍人士、夫妻共同财产等问题，法律关系错综复杂，一旦出现纠纷，迎来的将是旷日持久的诉讼。

若 F 先生设立了保险金信托，则资产将由信托公司打理，希望给到各个孩子的数额将直接以信托收益的方式在特定的条件下分配给各个受益人，规避了诉讼等纠纷。受益人也无须再去办理复杂的继承程序，从而节省了大量的精力。

而且由于在保险金信托中各个受益人触发信托分配的时间不同，对触发分配条件后每个人获得的资金数额也互不知晓，从而有效降低了受益人之间产生矛盾的概率。

（3）保单难以将未出生后代列为受益人

案例：Z 先生早年就购买了人寿保险和年金险，近期查出自己身体状况不佳，但保险单无法添加尚未出生的孙辈为受益人。

Z 先生可以将人寿保险和年金险保单装入保险金信托，在信托中便可将未出生的孙辈设为潜在受益人，受益人之间的份额互相独立且信息隔离，通过保险金信托可以实现大家庭的和谐传承。

财富传承，不仅是财产的传递，更是亲情的延续。随着国民家庭财富的增长，财富传承的需求日益显现。家族信托、保险金信托等财富规划工具逐渐为大众所知和运用。而保险金信托更是具有低门槛、高杠杆、受益人灵活指定等优势，将走进更多中国家庭，为家族财富的传承保驾护航。

第六节 | 三次分配下的“慈善信托”

我国近年来的财经政策有如下重点：

- 扶贫：着力扩大中等收入群体规模，抓住重点、精准施策，推动更多低收入人群迈入中等收入行列；
- 合规：清理规范不合理收入，整顿收入分配秩序，坚决取缔非法收入；
- 分配：构建初次分配、再分配、三次分配协调配套的基础性制度安排。

对于“分配”，尤其是三次财富分配，是本节需要解读的内容。不过在解读之前，我们需要对三次财富分配及其背景做一个介绍。

一、什么是三次财富分配?

三次分配这个概念在国内最早是由经济学家厉以宁在 90 年代提出的。按照厉以宁的说法，三次财富分配解释如下：

- 一次分配就是工资，由市场主导；

- 二次分配就是社保，由政府主导；
- 三次分配就是公益，由社会道德驱动。

2019 年 10 月召开的党的十九届四中全会提到我国“以按劳分配为主体、多种分配方式并存”的分配制度时，提出“重视发挥第三次分配作用，发展慈善等社会公益事业。鼓励勤劳致富，保护合法收入，增加低收入者收入，扩大中等收入群体，调节过高收入，清理规范隐性收入，取缔非法收入”。

而在 2020 年党的十九届五中全会上，“三次分配”政策指向得到了进一步明晰，会议提出要“发挥第三次分配作用，发展慈善事业，改善收入和财富分配格局”。

三次分配与改善收入和财富分配格局挂钩。中央财经委员会第十次会议指出，要坚持以人民为中心的发展思想，在高质量发展中促进共同富裕，正确处理效率和公平的关系，构建初次分配、再分配、三次分配协调配套的基础性制度安排，加大税收、社保、转移支付等调节力度并提高精准性，扩大中等收入群体比重，增加低收入群体收入，合理调节收入，取缔非法收入，形成中间大、两头小的橄榄型分型结构，促进社会公平正义，促进人的全面发展，使全体人民朝着共同富裕目标扎实迈进。

二、什么是三次分配？

在回答如何三次分配之前，我们可能还要先关注一下二次分配。厉以宁所说的二次分配是由政府主导的“社保”，但 2021 年 8 月 17 日中央财经委员会第十次会议所说的二次分配是政府主导的更大意义上的社保：“加大税收、社保、转移支付等调节力度并提高精准性”，进而“房产税迫在眉睫，遗产税、赠与税将稳步推进”。以遗产税为例，世界上几乎每一个发达国家都有（或有过）遗产税征税历史，如美国遗产税采用超额累进制，税率为 18%—55%，日本也采用超额累进制，税率一般为 10%—70%。迄今为止，世界上已经有 100 多个国家开征了遗产税[①]。中国虽然尚未开征遗产税，但也在进行相应研究和准备。《2020 胡润财富报告》指出，中国 600 万元资产“富裕家庭”数

① 李永刚:《国外遗产税制度比较及其启示》，载《行政学院学报》2015 年第 1 期。

量首次突破500万户，未来10年将有17万亿元财富传给下一代。当前，中国正值第一代富翁把他们的财富向第二代转移，适时推出遗产税，正是为了减弱跨越代际的财富不平等。

我们今天的重点是厉以宁所说的第三次分配：基于社会道德所驱动的公益或者慈善。在中国有许多慷慨解囊的慈善家。比如，玻璃大王曹德旺，从1983年捐款起，他个人累计捐款已达160亿元。他的捐资幅度随着自身实力递增呈同步上升态势。[①]

三、如何做好三次分配？

三次分配是慈善，那么在做家族财富传承的慈善架构设计时，慈善基金会、慈善信托是最重要的两个工具。

“慈善基金”需要遵守《中华人民共和国慈善法》（以下简称《慈善法》）和《基金会管理条例》的“合法、安全、有效”原则，重大投资方案须经决策机构组成人员2/3以上同意，并且政府资助的资产和捐赠协议约定不得投资的资产，不得用于投资。“慈善信托”的法律根据也是《慈善法》，其中第44条明确规定：“本法所称慈善信托属于公益信托，是指委托人基于慈善目的，依法将其财产委托给受托人，由受托人按照委托人意愿以受托人名义进行管理和处分，开展慈善活动的行为。”相应地，如果高净值家庭本身有较多资产用于捐赠，希望自己决定捐赠方向和对象，慈善信托则可更充分体现委托人（一般为单一自然人或控股企业）的意愿。而且，慈善信托可凭借受托人专业的投资能力与投资理财人员，为资产创造更大的增值空间。

相较于“慈善信托”，设立慈善基金的门槛较高（按照国务院2004年颁布的《基金会管理条例》第8条第2项规定，个人慈善基金会成立的条件，非公募基金会的原始基金不低于200万元人民币；原始基金必须为到账货币资金）。另外，相较于“慈善信托”，慈善基金还有一个“缺陷”，那就是捐赠人所捐赠的资金一旦捐出则如泥牛入海，与“慈善基金”自有资金和其他资

---

① 《曹德旺：做慈善37年 捐款160多亿元》，载国新网，http://www.scio.gov.cn/xwfbh/xwbfbh/wqfbh/42311/44274/zy44278/Document/1692903/1692903.htm，最后访问日期为2022年5月28日。

金混同在一起，一旦“慈善基金”被起诉，该基金下的所有资产都可能成为被执行对象。但“慈善信托”下捐赠人的慈善信托资产可以被隔离。以下是“基金会”与“慈善信托”的区别：

表 10–1 基金会与慈善信托的区别

	基金会	慈善信托
成立方式	成立方式有原始基金的要求，设立门槛较高，一般为 200 万—800 万元不等，并经登记管理机关批准	对信托规模无限额要求，设立慈善信托采用备案制
监督机制	受民政部门管理和监督	向银保监会报告、向民政部门报备；定期信息披露，可引入信托监察人进行监督
资产筹集	自成立之日起可以面向特定对象进行定向募捐，依法登记满两年后，可以向登记部门申请公募资格	可以以追加委托人的方式筹集资金，但原则上不得公开募集，只能以定向募捐的方式
捐赠财产破产隔离	不具备	具备
捐赠财产账户管理	基金会只有一个银行账户，需根据不同慈善项目手工进行资金区分	每个慈善信托都有对应的信托专户（银行账户）运用，确保专款专用
捐赠财产管理过程中的税收	取得投资收益和股权增值收益需缴纳所得税	信托计划属于契约型产品，非法人主体无须缴纳营业税和所得税
捐赠发票	可直接开具捐赠发票	实务中多与基金会合作，为委托人开具公益事业捐赠票据
运营成本	通常从捐赠资金中提取 5%—10% 作为运营、管理费用	很低，部分免费用
每年最低捐赠额度	公募基金不得低于上一年总收入的 70%；非公募基金不得低于上一年基金余额的 8%	无要求，可灵活掌握；在长期资产捐赠方面具有优势
结论	慈善信托在诸如企业、高净值人群的大额捐赠和慈善财产投资管理、账户管理和信息披露等方面具备优势 信托公司与基金会在开展慈善事业上并非竞争关系，两者可发挥各自优势，设计相应的合作模式开展慈善事业	

四、什么是慈善信托?

慈善信托的出现弥补了“慈善基金”的种种缺点，赋予了捐赠人更多的自主权，包括但不限于：

1. 知情权

捐赠人可以要求查账、查有没有按照捐赠人的要求去做慈善事业。捐赠人可以要求报细账、查会计账目（包含原始凭证）。如果受托人或者慈善组织不同意，捐赠人可以向人民法院提起诉讼。

2. 解任受托人

如果捐赠人认为某个慈善组织无法按照他的目的和要求来使用这笔资金，从事他指定的慈善事业，根据《信托法》的相关规定，可以解任，另行指定。

3. 要求变更管理财产的方式

慈善组织接受捐赠以后，有义务对捐赠资金保值增值，如投资。如果捐赠人对原来的“理财”方式不满意，作为捐赠人的委托人，可以要求慈善组织改变保值增值的方式。

4. 撤销权

假设捐赠人捐的是一个不动产或者实物，如果基金会作为受托人，不恰当或是低价处分了这些实物，捐赠人可以向人民法院提出撤销这笔交易。

另外，“慈善信托”下的财产具有独立性。慈善组织必须用独立的账户来存储这笔钱，不能把它划到基金会的执行财产中。如果慈善组织因为债务关系被法院执行，而债务和这个专项的慈善信托没有关联性，那么井水不犯河水，法院不能执行，也不能查封这个慈善信托计划下的账户资金。也就是说，当财产从委托人那里转移至受托人的名下，受托人名下的信托财产不能和他的个人财产相混同，不能被法院、被受托人的债权人用来查封清偿跟信托目的无关的债务。

五、如何设立“慈善信托”?

2016 年 9 月 1 日施行的《慈善法》确定了慈善信托的概念，是指委托人基于慈善目的，依法将其财产委托给受托人，由受托人按照委托人意愿以受托人名义进行管理和处分，开展慈善活动的行为。“慈善信托”属于2001年10月1日实施的《信托法》下的“公益信托”。在公益信托阶段，利用信托工具来做慈善，已经能够实现“保值增值”和“慈善心愿”两不误。

成立慈善信托，三方不可或缺——委托人、受托人和受益人。其中，委托人包括法人机构、社会团体、高净值家族、普通家庭、普通老百姓。受托人可以是慈善组织或者信托公司，也可以二者担任共同受托人。慈善信托的受益人则是不特定的社会大众或者贫困的人群。

“短期来讲，法人机构、社会团体和富有家庭是我国慈善信托的主体；长期来讲，老百姓、普通家庭会有更多的参与。越来越多的乐于参与慈善事业的家庭可以建立属于自己的慈善信托，共同推进我国的社会进步。我自己想做的善事，专业机构来帮我履行。”[①] 原中国银监会非银司司长、中国信托业资深专家高传捷这样讲述慈善信托的主要特点。

以某信托公开的“慈善信托”模式为例，高净值家庭在规划家族慈善事业时，该信托目前提供两种模式方案供客户选择。第一种为纯慈善信托，即客户交付至该慈善信托的全部财产均用于慈善事业，且该慈善信托在民政部门进行备案公示，具有公开效应。在慈善信托存续期内，每年根据信托文件约定进行定向慈善捐赠，闲置资金亦可以通过投资运作实现保值增值，确保慈善事业得以健康延续。第二种为类慈善信托，即带有慈善目的的家族信托，在信托受益支付方面更具灵活性，根据家族客户的实际需求，将家庭成员列为受益人的同时，可约定每年进行一定金额的慈善捐赠，或者达到某个特定条件后启动捐赠安排，比起纯慈善信托，类慈善信托相对灵活。该类信托也更具保密性，不进行公示，故不进行公开宣传，有此类特殊需求的家族客户可以选择该类模式。

根据《2021年中国慈善信托发展报告》（以下简称《报告》），2021年我国慈善信托数量及规模实现平稳增长。从备案单数和规模来看，截至2021年

① 参见：《慈善信托发展面临三大挑战》，载新浪网，http://gongyi.sina.com.cn/gyzx/2018-07-17/doc-ihfkffam0754071.shtml，最后访问日期为2022年5月28日。

12 月 31 日，全国累计慈善信托备案达 773 单，财产规模达 39.35 亿元。其中 2021 年新设立慈善信托共计 227 单，财产规模达 5.71 亿元，较上年增加 32.48%。2016 年至 2021 年，全国共有 62 家信托公司设立了慈善信托，占全国 68 家信托公司总数的 91%；有 66 家基金会成为慈善信托的受托人或共同受托人，其中 2021 年有 46 家慈善组织第一次参与设立慈善信托。

2021 年新设慈善信托单数略有下降，但规模止跌回升，并产生亿元级慈善信托一单。该慈善信托为"中信信托 · 2021 芳梅教育慈善信托"，备案规模为 2.0001 亿元。近年来，慈善信托在超大额公益资金受托服务上虽然未实现爆发式增长，但凭借其独立性强、能永久相续、透明度高的优势，已逐渐得到社会的青睐。①

另外，慈善信托目的也渐呈多元化之势。慈善信托目的体现在扶贫、教育、文化、医疗卫生、养老扶幼、科技创新、环境保护等领域。

六、法律人在慈善信托中的作用是什么？

"慈善信托"是家族治理与传承的一个重要工具，律师在为高净值客户提供服务的过程中应当充分考虑慈善信托在代际传承、税收筹划、风险管理中的作用，成为"慈善信托"的架构师。

信托从来不是一块净土，从前不是，将来也不会是，"慈善信托"也不例外。作为专业法律人士，律师当仁不让是"慈善信托"监察人的不二人选。

第七节 | 信托监察人保护家族信托

正如前面所说的那样，在家族财富传承领域，家族信托是最为灵活且功能最强大的工具之一，既有投资理财的功能，还有资产隔离、财富传承、税务筹划等功能，受到越来越多家族的关注和青睐。2001 年 10 月 1 日《信托法》

① 参见：《2021 年中国慈善信托发展报告》，载中华人民共和国民政部网站，http://www.mca.gov.cn/article/xw/mtbd/202201/20220100039415.shtml，最后访问时间为 2022 年 4 月 14 日。

的施行，给家族信托的蓬勃发展提供了法律保障。

家族信托具有强大的功能，其中有两个特别值得关注的功能：第一，按委托人的意愿确定受益人及获得收益的条件，只要不违反法律禁止性的规定，委托人可以设定多名受益人，并且自由设定受益人获得的利益及条件，以及受益人失去利益的条件；第二，可以设定尚未出世的后代作为受益人，受益人可以是还没有出生的下一代，家族信托只要求受益人能够确定，而在信托设立时受益人不一定已经存在，家族信托的这一功能，对于未来的家族成员，也提供了可享有家族信托利益的可能。

对于企业家而言，放入家族信托的财产不仅可以完成财富传承，关键时候还可能成为企业家及其家人的“护身符”。

生前信托是委托人在生前选择合法的信托机构作为受托人，与信托机构签订信托合同，将合法财产转入信托机构名下，受托人按照委托人在信托合同中的约定向指定的受益人（主要为家族成员）分配信托利益。

遗嘱信托是委托人通过订立遗嘱设立信托，在委托人身后，将其遗嘱指定的财富转移至信托公司名下，信托公司按照遗嘱内容向指定受益人（主要为家族成员）分配信托收益。

遗嘱信托的设立前提是需要有合法有效的遗嘱，根据遗嘱的内容，将遗嘱中指定的财产装入信托，从而完成遗嘱信托的设立。设立遗嘱信托，既要符合《民法典》继承编关于遗嘱效力的规定，同时也要符合《信托法》的规定。遗嘱信托的设立程序比生前信托要复杂得多，且由于遗嘱是高发纠纷的领域，所以，遗嘱信托的文件稍有瑕疵，就可能导致遗嘱信托无法设立成功。

根据笔者在“Alpha 系统”以“遗嘱继承纠纷”为案由的检索结果，近 5 年来，共有 28068 例以该案由审理的案例，而自 2001 年以来，该案由项下共有 39423 条检索结果。可见，第一，遗嘱继承纠纷为实践中高频出现的纠纷；第二，近五年遗嘱继承纠纷更是呈井喷式爆发。

基于遗嘱信托是在委托人去世后才生效，而遗嘱又是高发纠纷领域，所以在选择信托工具进行财富传承时，建议在可能的条件下尽早设立生前信托。

为什么需要家族信托监察人？家族信托设立期限一般是 30 年、50 年甚至永续（直至家族信托无受益人或家族信托财产为零），其中必然会存在委托人身后继续履行的阶段。一旦委托人身故，信托合同的主体就只剩下受托人（信托机构）一方，受托人是否按信托合同严格履行，在很大程度上依赖于受托人的诚信。其实不仅在委托人身故后，即使在委托人在世时，也需要对受托人的行为进行监察。

所以在设立家族信托前，委托人常常会有这样的疑问：如何保证受托人按信托文件来履行义务？谁来监察受托人？答案是家族信托监察人。

家族信托监察人是个重要的角色，监督着家族信托按信托文件的约定正常运行。在设置家族信托时，指定信托的监察人，就是在为家族信托找一个守护者、监督者、保护者。在受托人违反信托文件约定时，信托监察人可依法或者依信托文件的约定履行监察人的权利和职责，保障家族信托严格按法律规定或信托文件运行。

信托监察人还可以用合规管理来识别、评价并控制家族信托在设立和运营的过程中可能存在的风险，把风险发生的可能性降至最低。

任何一种信托，设置信托监察人，都是必要的。特别是在受益人有未成年子女或无完全民事行为能力人的信托架构中，设置信托监察人，无疑增加了一个信托的守护者来保护受益人。家族信托是跨生命周期的财产安排和传承计划，有信托监察人的信托，才能令委托人放心、安心。

家族信托监察人的主要职责：

一是协助制定信托文件。信托文件一般由受托人（信托公司）提供，分为基础的信托条款和个性化定制条款两大部分。基础的信托条款由信托公司在银保监会备案，基本不可修改。个性化的定制条款则是由当事人自行决定。信托文件是否合法、合理和足够细化，不但关系到未来执行过程是否顺畅，是否发生纠纷，同时也直接决定了委托人能否通过家族信托的制度将个人理念和财富正确传递下去。

二是监督信托机构按信托文件履行。家族信托几乎都是跨越生命周期的财富传承安排，其中会存在委托人身故后继续履行的阶段，信托监察人对于保证家族信托的受托人按信托文件履行职责起着不可或缺的作用。信托监察人可以根据委托人在信托文件中的授权，在授权范围内行使权利，监督家族信托的受托人是否按委托人签署的信托文件履行职责，监督信托机构的行为，确保按委托人的意愿通过家族信托实现财富的传承和安排。

三是在授权内修改信托条款。信托监察人可以按照信托文件的明确授权，在委托人失去完全民事行为能力或者去世后，对信托文件的部分细节进行适当修正，这不但是各国家族信托操作中所普遍采用的，也是维护信托延续和信托目的实现所必需的。

比如，为了实现财富多代传承的目的，要将尚未出生的嫡系血亲或者委托人去世后才出生的家族继承人纳入家族信托受益人范围内，家族信托可以约定尚未出生的后代作为受益人。例如，抚养类的家族信托可能约定对老年、残障等弱势家族成员尽到抚养、看护等义务的受益人，才可获取信托利益。在类似情形下，需要对原有的信托文件的受益人名单进行增加变更，这就需要由监察人予以具体执行，并监督受托人按新的受益人的名单执行。

四是行使诉讼权。《信托法》第 65 条规定了公益信托监察人独立诉讼的权利，对于家族信托监察人是否享有独立诉权虽然目前并无明文规定，但在未来的立法中，我们相信家族信托监察人能够有法定的行使诉讼的权利。

尽管《信托法》目前没有赋予家族信托监察人法定的诉权，但《信托法》第 22 条规定了委托人救济的权利，若委托人基于各种原因无法行使诉讼权利，势必由代表委托人利益的监察人行使。所以在设立家族信托时，在信托文件中可以约定当受托人违反信托义务时，家族信托监察人有权以自己的名义向人民法院提起诉讼，以维护委托人、受益人的权益。具体而言，信托监察人的诉权可以包括向法院申请行使撤销受托人不当行为、恢复信托财产原状、赔偿信托财产损失等。

信托监察人制度存在于英美法系和部分大陆法系国家，虽然称谓各有不同，但内涵基本一致。例如，日本 2006 年《信托法》将信托监察人称为“信托管理人”；又如，英美法系通常将信托监察人称为“信托保护人”（Trust Protector）。在不同的称谓背后，各地立法均认可了信托监察人功能的重要性，如果信托的委托人、受益人因某种原因而无法行使或无法完全行使对受托人或其他信托事项的监督和救济，则受托人可能不受约束，从而不利于信托目的的实现。此时，信托监察人的设置便有了重要意义。

在中国，越来越多的家族信托已经通过信托文件的约定来设立信托监察人，信托监察人依据信托文件的约定对受托人及其他相关主体处理信托事务行使监督、检查、提供专项意见的职责。家族信托监察人设立的重要性越来越得到广泛的重视。

在缺乏监督机制的模式下，受托人怠于行使管理职责或恣意行使管理权能，会造成委托人或受益人利益的损失，受益人的受益权很难得到保障。因此，家族信托监察人制度的设置，有利于维护家族信托的正常运行，并保障家族信托的受益权乃至家族信托文件初衷的实现，从而维护家族的核心利益和长远传承。

03

第三篇

呵护婚姻的情商

婚姻情商是指一个人在婚姻关系中对自己和伴侣有着清晰的认知和了解，可以和伴侣和谐相处，妥善处理婚姻关系中的差异与冲突，满足伴侣的心理需求，为伴侣提供良好的情绪价值，能够在亲密与界限中达成平衡，并能在婚姻关系中起到主导和引领的作用，实现坚固、稳定的情感联结与心理依恋的能力。

第十一章

婚姻情商的概念、维度、体现

第一节 | 什么是情商?

情商，又称情绪智商、情绪智力，或者情绪智慧，英文表达是 Emotional Quotient，缩写为 EQ。

1988 年，以色列心理学家鲁库文·巴昂（RcuvenBar-0n）编制了世界上第一个标准化的情绪智力量表。他将其界定为那些能影响人类适应环境的情绪以及社交能力。1990 年，美国心理学家彼得·萨洛维和搭档约翰·梅耶（Salovy & Mayer）提出较为系统的情绪智力概念，将其界定为一个人评价、表达、调节和运用情绪的能力。同年，彼得·萨洛维和约翰·梅耶在《想象、认知和人格》杂志上发表了文章《情商》。1995 年，哈佛大学的心理学家戈尔曼·丹尼尔出版的《情商》一书，登上世界各国畅销书的排行榜，情商一词走出心理学的学术圈，走入人们的日常生活。1997 年，由他撰写的《情商：为什么它比智商更重要》一书在中国出版后，情商逐渐成为中国民众耳熟能详的一个名词。

相对于逆商概念和法商概念，情商概念更早地为普通大众所知晓。不过，心理学家们对情商的解读并不是那么容易被人们所理解。鉴于此，我们做了一个小的问卷调查。虽然该问卷调查样本不多，但是因为参与问卷调查人的年龄、学历、职业类型不同，所以还是有一些参考价值的。

表 11-1 调查问卷样本

序号	所属地区	年龄（岁）	性别	职业	学历	婚姻	您认为什么是情商？
1	江苏省南京市	35	男	无	中专	未婚	能体会对方内心深处的感受和需要，能给人舒适的感觉，感觉自己被理解
2	山东省潍坊市	34	男	自由职业	大专	已婚	处理好各种人际关系的能力
3	湖南省株洲市	56	女	医务	本科	已婚	处理人际关系的能力
4	内蒙古自治区鄂尔多斯市	45	女	无	大专	已婚	让自己和别人舒服
5	上海市	38	女	销售	本科	已婚	为人处世的能力
6	广东省深圳市	33	男	司机	初中	未婚	情商就是在尴尬的时候还能让场合不尴尬，对方怼你的时候你还能怼回去又不失礼貌，能让双方在一起舒服、安心、快乐
7	广东省江门市	43	女	教师	本科	已婚	情商就是及时感知到他人的情绪，以及正确处理情绪的能力
8	广东省东莞市	41	女	服务员	初中	已婚	情商是不被情绪所影响，让对方愉悦，也让自己舒服
9	内蒙古自治区呼和浩特市	43	女	职员	本科	离婚	能体察身边人的情绪及周边的气场
10	浙江省丽水市	45	女	职员	大专	未婚	与人相处的方式方法，舒服的、好的沟通
11	浙江省宁波市	47	女	职员	大专	已婚	情商是能够感受自己和他人的情绪，能够感知对方心理需求的能力
12	山东省枣庄市	38	女	会计	本科	已婚	情商就是在与人沟通交流时，说话方式能够让别人觉得舒服，同时觉得自己被理解、被倾听，觉得自己很重要

续表

序号	所属地区	年龄（岁）	性别	职业	学历	婚姻	您认为什么是情商？
13	湖北省鄂州市	42	女	自由职业	初中	已婚	感知自己和别人的情绪，内心愉悦，和别人相处时双方都觉得舒服愉悦，幽默风趣
14	甘肃省	33	女	事业单位职员	本科	已婚	情商是包括一个人的认知，感受，意识水平，以及对事物和人际关系的反应，能够整合自我，对所处环境和人际关系做出合理的反应，能够认识自我，接纳自我，保持平和健康的状态
15	上海市	39	女	工程师	本科	已婚	换位思考能力及共情能力
16	广东省佛山市	38	女	外贸企业职员	本科	离婚	换位思考，共情他人，说话说到别人心坎上
17	山东省青岛市	35	女	财务	研究生	已婚	让双方相处舒服
18	湖北省武汉市	35	女	建筑行业职员	大专	离婚	自己与自己的关系，自己与他人的关系，自己与周围环境的关系
19	甘肃省白银市	38	女	职员	大专	已婚	情商就是在人际关系中能让人处着舒服
20	上海市	36	女	会计	大专	已婚	面对各种问题、各种事情所呈现出来的性格
21	山东省枣庄市	30	女	职员	大专	已婚	合理、委婉又不得罪别人地表达自己的需求或者想法
22	上海市	33	女	职员	研究生	已婚	说话的能力，沟通的技巧，办事的思路
23	上海市	37	女	IT 相关	本科	已婚	情商好像是智慧地处理问题，不是情绪化，而要讲究方法、策略。有理解，有同理心，能换位思考等，坚持原则，部分妥协，达成双方都满意的局面
24	江苏省南京市	38	女	教师	本科	已婚	人际交往，说话做事

续表

序号	所属地区	年龄（岁）	性别	职业	学历	婚姻	您认为什么是情商？
25	内蒙古自治区通辽市	40	女	职员	本科	已婚	能觉察身边的情景及周围人的情绪
26	山东省青岛市	37	女	教师	研究生	已婚	主要是能共情，会说话，能换位思考
27	内蒙古自治区通辽市	46	女	教师	本科	已婚	人际关系，处理事情的能力
28	广东省深圳市	40	女	自由职业	高中	已婚	情商就是会好好说话
29	内蒙古自治区呼伦贝尔市	51	女	教师	本科	已婚	经营关系的能力，理解他人的能力
30	北京市	39	女	教师	博士	已婚	情商是理解、共情他人感受的能力，语言表达让人舒服，为人处世得体，对他人包容，不计较，能幽默、灵活处理各种分歧与矛盾
31	湖北省孝感市	34	女	教师	本科	已婚	活得通透从容，说话处事让人舒服
32	贵州省贵阳市	35	女	教师	研究生	未婚	处理亲密关系中技巧的总和
33	湖北省鄂州市	42	女	自由职业	初中	已婚	能感知自己和别人的情绪，在与人相处中，自己舒服，别人也舒服
34	河南省郑州市	35	女	销售	大专	离婚	让自己舒服，让身边人舒服
35	四川省成都市	51	女	律师	本科	已婚	情绪控制和调整能力，能够了解自己并激励自己，能够理解接纳管理自己的情绪，能够识别理解接纳他人的情绪
36	江苏省苏州市	53	女	行政主管	本科	已婚	能够和他人和睦相处
37	江苏省苏州市	38	女	设计师	本科	已婚	懂得对方想要什么，并且努力为对方着想
38	山东省	30	女	销售	大专	未婚	让周边的人都感觉到温暖

续表

序号	所属地区	年龄（岁）	性别	职业	学历	婚姻	您认为什么是情商？
39	河北省承德市	42	女	事业单位职员	本科	离婚	好好说话，会说话
40	云南省保山市	38	女	公务员	本科	已婚	在人际关系里与人交往沟通的方式方法
41	湖南省长沙市	42	女	教师	本科	已婚	情商就是会沟通，会交际，会处理生活中的各种情绪问题
42	四川省成都市	32	女	自由职业	本科	已婚	控制情绪
43	四川省成都市	20	女	学生	高中	未婚	了解自我，识别自我，识别他人情绪，自我管理，处理人际关系的相关能力
44	上海市	45	女	销售	初中	已婚	情商是处理事情时所体现的机智、灵敏

通过表 11-1 我们发现，大家认为情商主要是体现在人际关系中的一种能力，包括情绪管理、表达方式，以及幽默风趣等特质。

笔者对情商的理解是个体能够时刻觉察自己内在的各种情绪状态，妥善处理自身情绪，维持心理平衡；并且能够识别他人的情绪，对他人的情绪给予恰当的回应；能够妥善处理人际问题，具有与他人和谐相处的心理素质和能力。它更多地体现出一个人的社会性功能，体现在人际互动，个体与他人和环境的关系中。一个具备高情商的人应该是敏锐的、内省的。

戈尔曼·丹尼尔认为，情商是一种基本生存能力。他把情商概括为 5 种能力，即情绪的自我觉察能力、情绪的自我调控能力、情绪的自我激励能力、对他人情绪的识别能力和处理人际关系的能力。他认为情绪的自我觉察能力是情商的核心。一个人所具备的、能够监控自己的情绪以及对经常变化的情绪状态的直觉，是自我理解和心理领悟力的基础。

也就是说，情商的核心在于能准确、快速感知他人的情绪状态及内在需求，并能给予对方合适的回应；而这种能力需要建立在充分了解自己，能够辨析自己的感受，懂得换位思考、推己及人的基础之上。道理很简单：不懂自己，就不可能懂别人。

情商体现出来的这些能力是个体在人际交往中的认知过程和行为过程中不可或缺的。人们之间的合作和交往越紧密，情商的价值就体现得越明显。人们常说，一个人的成功，只有20%归于智商，80%则取决于情商。智力固然重要，然而现代社会的合作性决定了一个人成功的可能性更像是智力与情商的乘积，因为情商代表着将智力转为实践与现实运用的能力，高情商会给智力带来增益，而过低的情商会对智力产生制约作用。

情商的价值是巨大的，一个人是否具有较高的情商，和童年时期的教育培养有着密切的关系。因此，培养情商应从小开始，父母的一言一行都在引导孩子学习和效仿。同时情商也是一种技巧，有规律可循，可以通过后天学习与修炼获得提升。提升情商的方式有很多，如学习心理学、更细致地了解自己；在现实中找一个可以参照学习的榜样，学会理解、包容和赞美他人；勇敢地面对自己厌恶的或者害怕的事情、尝试和体验更多新鲜的事物，这些都有助于我们的成长和情商的提升。

第二节 | 高情商的三个维度

一、清晰和稳定的自我认知和自我评价系统

经典的哲学三问（我是谁？我从哪儿来？我要到哪儿去？）其实考察的就是我们的自我认知能力。寻找这三个问题答案的过程就是认识自己、定义自己、塑造自我的过程。这是一个艰难、漫长的过程。

自我认知，指的是对自己的洞察和理解，包括自我观察和自我评价。自我观察是指对自己的感知、思维和意向等方面的觉察；自我评价是指对自己的想法、期望、行为及人格特征的判断与评估。自己对自己的认识，具体包括认识自己的生理状况（如身高、体重、体态等）、心理特征（如兴趣、能力、气质、性格等）以及自己与他人的关系（如自己与周围人们相处的关系，自己在集体中的位置与作用等）。

心理认知是一个无限的过程，因为心理活动本身是无限的，它会随着个人经历和记忆以及思想和想象力不断地发展。凡是出现和前一阶段或者前一时期不同的心理活动后，个体对自我的心理将会有一个总结和新的调整，这就是改变和成长的过程。心理学家荣格说："一个人毕其一生的努力就是在整合他自童年时代起就已形成的性格。"也就是说，我们每一个人一辈子都是走在不断认识自己、看清自己、修正自己和重塑自己的路上。

自我认知和自我评价系统，可以理解为一个人的大脑里有一个法官和一系列的规范条例，不断地对内在存在的那个自己进行认识和评价，不同角度的认识和评价会引发不同的内心情感体验，如自信、自卑、自尊、自满、内疚、羞耻等。精准、客观、全面的自我认知和自我评价极其重要。如果个体对自身的评价与社会上其他人对自己的客观评价距离相去甚远，长此以往，会形成自满或自卑的心理特征，不利于个人心理的健康发展，并且会使个体与周围人们之间的关系失去平衡，导致关系的破裂。

在笔者以往的个案中，有的女性在婚恋关系里存在自视甚低的问题。明明自身条件挺优秀，可是内在的自卑往往会给她们带来一种配不上的感觉。因此，每一次交往的对象都是条件并不怎么好的异性，要么外形条件不好，要么经济条件很差，要么思维上偏执，要么情绪管理有问题，进入婚姻之后因为彼此的问题把日子过得一地鸡毛。

女作家张爱玲说过这样一句话：遇见你我变得很低很低，一直低到尘埃里去，但我的心是欢喜的，并在那里开出一朵花来。亲密关系中这种你高我低、严重失衡的选择，特别容易导致自卑的一方底线过低，过度容忍。

如果一个人不能正确地认识自我，看不到自己的优点，觉得处处不如别人，就会产生自卑，丧失信心，做事畏缩不前；在人际关系中可能会呈现敏感、嫉妒、易激惹的状态；或者过度地付出和讨好，无界限、无底线地包容和原谅……相反，如果一个人过高地估计自己，可能会盲目乐观、自大、冲动，在与人相处的过程中很少会顾忌到他人的感受，缺乏对他人的尊重和认可，甚至时常压制、贬损他人。因此，认识自我，实事求是地评价自己，是自我调节和人格完善的重要前提，也是良好人际关系的基础。

自我认知和自我评价是否清晰和准确，可以通过我们的内心情感体验状态呈现出来。当我们的主观自我对客观自我评价认知和评价准确时，我们就会处在一种自信和能量平衡的状态里；当我们的主观自我对客观自我评价认知和评价过低时，我们就会处在一种自卑的低能量状态里；当我们的主观自我对客观自我评价认知和评价过高时，我们就会处在一种自恋的高能量状态里，但是这种高亢的能量状态是一种不稳定的状态。总结一下：高情商是一种稳定的高能量状态，清晰和稳定的自我认知和自我评价系统是高情商的基石。

另外，自我认知和自我评价系统不稳定的人，还可能会出现时而自卑，时而自恋的混乱状态，因为他们更多依赖的是外界对自己的看法和评判。被他人批评或者贬损了，就会陷入自卑；获得了他人的赞美或追捧，就开始呈现自恋的状态。

过度依赖外界的评判来看待自己的人，通常存在社交敏感的问题，俗称“玻璃心”。他们会对他人的言语格外在意，无论是赞美的话，还是批评的话，甚至对他人的一个眼神，一个不经意的动作都可能过度解读。他们通常会活得很累，也会让身边的人感到很累，因此身边的人需要小心翼翼地和他们相处。社交敏感程度严重的话会发展成社交障碍，进而发展为社交恐惧症。社交恐惧症患者往往表现出一定的性格特点，如胆小、孤僻、敏感、退缩、羞怯、依赖性强等。主要表现为患者在处于社交场合或与人打交道时，会出现明显而持久的害怕、焦虑，害怕尴尬、害怕丢脸的行为举止，可能会伴发躯体症状，如脸红、心跳加快、口或咽喉部干燥、吞咽困难、全身颤抖或肌肉抽搐、出汗、恶心或呕吐等。

那么是什么原因导致自卑呢？因为很多父母太吝啬赞美了。在传统的家庭教育理念里，总是认为，夸孩子会导致孩子骄傲自满；同时家长太喜欢将自己家的孩子和别人家的孩子做对比，并且永远是拿自己家孩子的短处去和别人家孩子的长处做对比。而这种比较式家庭教育方式带来的后遗症就是我们无法真诚地欣赏和赞美他人。还有一个后遗症就是争强好胜，极力追求优越感。争强好胜本身并非坏事，但自卑者却是争强好胜而又输不起的人，因为一旦失败，他们会更加清楚地看到自己不如人，自卑便再也无法掩盖。为了超过别人，自卑者对自己往往要求很高，甚至到了自我苛求的地步。因此他们在努力的过程中很难体验到轻松愉快，甚至感到紧张。这种人并非对所学所做的事本身感兴趣，唯一目的在于超过别人，体验优越的快感，或得到别人的夸奖才感到愉快。另外，由于所定的标准太高，往往导致严重的拖延，之后带来的挫折感和失败感令自己更加痛苦。

某女士从小被父亲寄予了很高的期待，被父亲长期高压管教，父亲从来没有夸奖过她，就怕她会骄傲而导致成绩退步。她父亲还经常在她面前夸奖别人家的孩子。这导致她成年后浑身都是刺，易嫉妒，并且喜欢逮住别人的缺点或者弱项毫不留情地扎下去，就像当初父亲对待她一样。在工作中也毫无主动性和积极性，有严重的拖延症，被老板盯着的时候她才认真做事。上班的时候想混日子，休息的时候却无法放松自己，内心充满了焦虑和不安。情绪常常处于崩溃的状态。后来在接受了系统心理治疗之后，她和已经去世的父亲做了和解，也从母亲的口中得知父亲常常在背后偷偷地夸奖她，甚至自己是几个孩子里最受父亲喜爱，最被父亲看好的。至此一直驻守在她大脑里那个挥舞着鞭子，总是催着赶着她，总是批判和否定她的“法官”消失了，她终于体验到了自在和放松的状态。

奥地利心理学家阿尔弗雷德·阿德勒在《理解人性》一书中说：心灵一旦处于自卑感的压力下，或者受到认为自己弱小而无助的想法的影响，就会尽其所能想办法将“自卑情结”征服。只有过度补偿，才能缓解自己“不如别人”的自卑感。我们身边自卑的人很多，当然也存在一些看起来挺自恋的人。自卑和自恋是两种极端的状态，但是有时候自卑会偷偷隐藏在自恋的背后。这种现象会出现在过度自卑的人身上。你也可以把这种状态理解为物极必反，也可以理解为自我补偿。过度自卑者，往往会掩饰自己的自卑，拒绝呈现弱小和胆怯；他们可能会“自欺欺人”，伪装强大和高傲。因此过度自卑的人可能会呈现两种人际关系状态，要么是向外攻击他人，要么是向内攻击自己。向内攻击，时常自我否定和自我批判，虽然会感到痛苦，但属于内省的意识和状态，表明心理发展进入了较高阶段；而总是向外释放原始攻击性的人，则处在心理发展的较低阶段；这种情况的极端例子是反社会型人格。

对于自卑，心理学家荣格说过：对于普通人来说，一生最重要的功课就是学会接受自己。对于和他人的比较，他也给我们提供了一个不同的认知角度：人类对自己的了解，宛如暗夜行路，要了解自己，就需要他人的力量。每件促使我们注意到他人的事，都能使我们更好地理解自己。

二、识别自己的情绪，有效管理自己的情绪

通常我们认为，高情商主要体现在人际交往当中，在一个场域里能敏锐地感受到整个环境的状态，以及他人在环境里的状态；和他人交流与相处的过程中，能够及时捕捉到他人的情绪，照顾他人的感受，表达上令人感觉舒服。其实能够做到这种程度的前提是我们首先要有识别情绪的能力，而这种识别必须是先从觉察自身的状态开始。

自我觉察是心理学中最常提到的一个词语。自我觉察是指个人知道、了解、反省、思考自己在情绪、行为、想法、人际关系及个人特质等方面的状况、变化及发生的原因。简单地说，一个人时常能够感知到自己在当下的内心状态，以及可以及时洞察自己这种状态产生的原因。

情绪的自我觉察能力是情商的核心，可以细分为以下 4 种能力：

一是情绪的知觉、评估和表达能力。包括从自己的生理状态、情感体验和思想中辨认自己情绪的能力；通过语言、声音、仪表、行为，以及从他人的艺术作品、各种设计中辨认情绪的能力；准确区分情绪表达中的准确性和真实性的能力。

二是思维过程中的情绪促进能力。包括情绪思维的引导能力；促使个体从多个角度进行思考的能力；情绪状态对特定的问题解决所具有的促进能力。

三是理性与分析情绪，获得情绪知识的能力。包括给情绪贴上标签，认识情绪本身与语言表达之间关系的能力；理解情绪所传送意义的能力；认识和分析情绪产生原因的能力；理解复杂心情的能力。

四是对情绪进行成熟调节的能力。包括以开放的心态接受各种情绪的能力；根据所获知的信息与判断，成熟地进入或者离开某种情绪的能力；成熟地觉察与自己和他人有关的情绪的能力。

自我觉察是一种很高的精神能力，意味着一个人开始超越自己的心智，让觉察的自我从心智中分化出来，把自己的心智作为一个对象来加以认识。自我觉察是向内指向自己的。在生活中我们经常会通过看到镜子中的自我、

观察自己的相片、被他人所评估而觉察自己。自我觉察的意义是帮助我们克服和超越我们的惯性思维和习惯性行为。

比如，一个人特别容易发火，属于“易燃”“易爆”体质，这样的性格非常不稳定，时常处于失控的状态，宛如一个行走的“炸药包”。这种性格容易对他的人际关系造成致命的影响。特别是在亲密关系中，身边的伴侣会感到非常痛苦，甚至恐惧，会时刻小心翼翼的，生怕自己哪句话、哪个行为就点燃了“炸药包”。孩子也会对这样的父母感到非常的恐惧，内心充满了不安，时刻像个受惊的小动物一样。因此觉察的广度，就是在同一个时间内，你既需要觉察到你自己，还能觉察到身边的人，甚至觉察到周边环境。这种“易燃”“易爆”体质的人，通常很难觉察到对方，也不顾及环境，自己有情绪就要爆发。我们若想保持关系的和谐，至少要察觉到这些。

有人曾这样描述自己的父亲：我小的时候只要远远地听到父亲的脚步声，就迅速地找个他看不到我的地方躲起来。这样的孩子在成年后可能会发展为两种人格特征。一种是疏离回避状态，无法和异性保持比较亲近的关系状态。假如脾气暴躁的是同性父母，那么成年后和同性之间的关系也会有或多或少的疏离回避，特别是同性的领导。他们在自己的婚姻关系里通常会呈现出情感疏离，无法信任和亲近对方的状态。另一种是讨好状态。因为小时候习惯用讨好的方式对待容易暴怒的父母，用听话、乖巧来保护自己。长大后大概率会变成老好人类型，极其害怕冲突，习惯于委屈自己，成全他人，习惯于有求必应，从来不敢表达自己的需求，不懂得拒绝他人，无法对他人说“不”，在人际关系里缺乏界限感，底线也往往很低。当然在这种环境中长大的孩子，还有可能出现一种状态，那就是和暴躁的父母一样成为一个性情暴躁的人，成为父母的复制品，学会以暴制暴。

而觉察的重要性和意义就在于那个像“炸药包”的父亲，他可以在自己发作之前及时地意识到自己有情绪了，他可以给自己冷静下来的时机，保持深呼吸，在内心里数数，还可以通过转移注意力，离开当下的环境等多种方式避免自己再次陷入这种习惯性的情绪反应中。这一系列的操作叫作情绪的自我控制。它必须建立在当下的觉察基础之上。

但是控制情绪通常只能管一时，并不能从本质上解决性情暴躁的问题。

你很容易发现自己情绪的失控会出现不定期的反复，因此需要从本质上解决问题，我们就叫作有效的情绪管理。

有效的情绪管理的方法包括以下几个步骤：

- 从认识自己的习惯状态、固有特性开始。注意力向内心集中，试着去感知和识别自己的内心活动，包括身体感觉、情感、幻想等。如同一种分身术，让自己的意识从身体中分离出来。比如，那个如同“炸药包”的父亲在马上要爆炸之前及时地捕捉到了自己内在愤怒的状态。
- 识别到自己的情绪后，用深呼吸的方式来调整自己，让自己停顿几秒钟，在内心数10个数字，喝点水缓一缓，或者离开当下的环境。
- 换个角度去看待当下发生的事件，找到事件发生和存在的合理性，尝试用正向、积极的角度去重新解读事件。
- 冷静下来后，再尝试和身边的人表达自己的情绪：我感到很愤怒，感觉自己马上就要爆发了，几乎难以控制。
- 用有效的沟通和交流来解决冲突：我刚才因为你感到很愤怒。我认为这件事你哪里做得不好……我希望你……
- 事后的复盘和反思：为什么自己一遇到这种事就会发飙和失控，这类事件到底触动了自己什么深层次的记忆。比如，可能小时候自己被这类事件伤害过；或者小时候被父母简单粗暴地对待过，自己在潜意识里习得和复制了同样的解决问题的方法。
- 情绪失控问题比较严重，无法自我调控，可以寻求专业心理咨询师的帮助，寻找问题的真正根源，把埋藏在内心的那个“地雷”彻底排除掉。内心没有“雷”了，别人有意无意地划根火柴都不会再引爆你了。

当我们能够看到自己的情绪，看到相似场景，找到情绪最开始的源头，并且能够表达出来情绪，相当于我们能够做到以旁观者的身份来观察和谈论自己，我们就不再被自己的习性所控制。当我们的注意力发展成为一个独立观察员时，就能站在一个更加客观的位置上认识自己，自我改进。

那么假如你身边正好有一个和你很亲密或亲近的人（无论是成人还是孩子）正在发脾气，并且难以自控时，你可以怎么做呢？最简单有效的方式是：拥抱他，帮助他保持深呼吸状态，耐心陪伴他慢慢安静下来；然后再和他一起分析：发生了什么，为什么，以及找到解决问题的方法。

三、洞察他人的心理需求，给予合适的回应

当我们充分地了解自己，懂得自己之后，我们就很容易看懂他人。因为人和人之间虽然在思维层面的差异很大，但是其实人们对一些事情的情绪反应，以及心理需求上有着非常多的共性。比如，对于尊重的需求，无论男女老少，都很在意自尊，对于他人带给自己的贬损或者自尊的践踏都会感觉到愤怒；再如，对于安全感的需求，通常人们都会把它放在需求首要的位置上。通常愤怒情绪来自自尊受损，恐惧情绪来自安全感受到威胁，悲伤情绪往往来自重要事物的失去，快乐情绪通常来自需求被满足。当你懂得自己，了解人性后，对他人的理解就会自然而然地涌现出来。所以，能够高情商地回应他人其实是需要建立在理解、接纳、包容这些能力之上的，它是一种意愿，愿意看到对方，愿意给予对方，愿意满足对方。高情商不是简单的方法和技巧。

但是在与他人交往的过程中，常常会发现我们确实很难读懂他人隐藏起来的心理需求。人们有时候口是心非，或者他们总是期待即使自己不说出来，对方也能懂得自己的感受和需求。因此，真正的高情商是能够看懂或者替别人表达出别人自己也说不出来的感受和需求，并且能够给到对方合适的回应，用巧妙的方式来满足对方的需求。

某女士总是抱怨自己的丈夫喜欢在生活中的方方面面贬低自己，如会嫌弃自己做饭不讲究，既不好吃，又不好看。每次被丈夫贬低时，某女士都会很愤怒，忍不住和对方发生争吵。隔三岔五，循环往复。她很苦恼，向笔者请教解决问题的方法。

笔者告诉她："你的丈夫贬低你，并不是他真正的目的。他真正的目的是通过打压你来抬高自己。你不行，才能显得他行；你不好，才能显得他好。他用打压你的方式来获得优越感，奠定自己在婚姻关系中高的地位。"

"那么，我到底该怎样解决这个问题呢？"她问道。

"他要什么，你就给他什么好了。他想证明他好，他行。你就可以顺势说，是的，我做的饭的确没有你做得好吃，你做出来的菜色香味俱全，我和孩子真的好有口福啊！"

当你把对自己的情绪关注转移到关注对方的需求上时，就很容易找到解决问题的方法。当他隐藏得很深的心理需求被你发现，并且被你满足后，他就会因为自己用这样的方式来对待你而感到愧疚，从而开始修正自己的行为。但是假如你在意的只是自己的自尊受损，就会愤怒地与对方争辩，你们之间的这个模式就会一直循环往复，得不到解决。

我们每一个人其实都会有意识或者无意识地隐藏起很多需求和感受。无意识隐藏通常是因为自己的觉察能力不够，可能连自己都意识不到；有意识隐藏通常是因为自尊、内疚、羞愧，或者认知偏差等原因难以启口。因此高情商的核心表现在于能够洞察他人隐藏在情绪和行为背后的心理需求，并给予对方合适的回应。

第三节 | 婚姻情商在亲密关系中的三个重要体现

婚姻情商是指一个人在婚姻关系中对自己和伴侣有着清晰的认知和了解，可以和伴侣和谐相处，妥善处理婚姻关系中的差异与冲突，满足伴侣的心理需求，为伴侣提供良好的情绪价值，能够在亲密与界限中达成平衡，并能在婚姻关系中起到主导和引领的作用，实现坚固、稳定的情感联结与心理依恋的能力。

婚姻情商可以说是良性婚姻的黏合剂、润滑剂和助推力，其重要性体现在婚姻的任何一个阶段和方方面面，我们无法一一论述，本书重点探讨三个方面的重要性。

一、智慧处理双方之间的差异与冲突

婚姻是两个人一生合作的艺术品，在漫长的合作过程中，矛盾和冲突是不可避免的。高情商的人可以及时化解矛盾，低情商的人通常会令小矛盾升级到双人大战、多人混战的阶段。

人们在选择婚姻伴侣的时候通常有两种类型：一种是互补型，另一种是相似型。互补型的关系模式占大多数。互补型的关系模式如同道家的太极阴

阳图，两个人都在寻找自己生命中缺乏的那部分，在相互合作、互相支持的过程中取长补短，彼此成长为更好的自己，获得生命的完整感。但是现实生活中互补型模式的双方却经常因为差异性太大而无法相互理解，矛盾和冲突也相对更多。相似型关系模式的人好像在寻找这个世界上的另一个自己，借由另一个人看到自己，了解自己，让自己不再感到孤独。相似型的关系模式但凡很了解自己，就很容易了解对方，因为双方总是像在照镜子。理想状态下相似型关系模式的双方通常会因为相似的性格特点，共同的兴趣爱好，在相互合作的过程中会很默契，两人相处更像是知心伙伴，是一种很容易达成和谐的模式。但遗憾的是，他们中的大部分人却常常因为不懂得自己，进而也无法懂得对方。

在大部分婚姻的初期，双方最集中出现的问题就是差异性。两个人来自不同的家庭背景，成长的经历不同，势必在思维角度、生活习惯、消费习惯、性格、爱好、三观等方面存在差异。即使有些人在最初择偶的时候已经充分考虑到了门当户对这个因素，但两人之间因为各种差异性而带来的矛盾和冲突也是不可避免的。双方因为情感联结的需求，越靠近，因差异性带来的摩擦就会越多。比如，大部分夫妻在结婚的头几年常常会因为生活中的一些小习惯而发生争吵，如牙刷的头应该是朝上还是朝下，马桶的盖子应该是打开着还是盖起来；也会因为消费习惯的不同而不断争吵，节俭的人会讨厌对方的大手大脚，追求高品质生活状态的人会嫌弃舍不得花钱的那个人抠门、落伍；急性子的人嫌弃慢性子的人磨叽，慢性子的人讨厌急脾气的人暴躁；为原生家庭过度付出的人会认为界限清晰的伴侣过于冷漠，界限清晰的人会认为过度付出的伴侣过于热情……婚姻中的双方起初因为差异而相互吸引，进入婚姻后却因为差异而相互排斥。很多小夫妻因为不懂得如何解决这些微不足道却每天都要面对的冲突，最终选择了分手。大部分的人在离婚时抛出的理由都是性格不合，其实指的就是无法解决差异性带来的冲突。因此高情商在婚姻联结期最重要的作用就是如何看待和处理双方之间的差异性。

关系里再亲密的两个人，也是两个独立的个体，差异性是必然存在的。有人说恋爱是发现对方的优点，婚姻是接纳对方的缺点。其实我们对一个人的性格、优缺点还是很容易了解的。只要稍微用点心，都是不难发现的。

难就难在包容和接纳上，难就难在双方是否愿意努力解决由差异性带来的冲突问题。

案例

章某和郭某已经离婚10年了。他们之间实在是太了解彼此了，在一些原则性的问题上，彼此之间也很有默契。当然，他们之间也有很大的差异，如两个人之间在性格方面、生活习惯、兴趣爱好、表达方式上差异就很大。章某性格外刚内柔，喜欢热闹，晚上10点钟才觉得是一天最好的时光；郭某外柔内刚，性格清冷，喜欢看书和唱歌，晚上8点钟睡觉，每天清晨就起来运动。两个人之间最大的问题就是忽视彼此之间的相同点和默契之处，关注力总是放在两人的差异性上，并且都很自我，自尊心都太强，谁也不肯为对方妥协，双方都没有尽一切努力来解决差异性问题。用最简单的不同食、不同寝的方式任由彼此变得越来越疏离。两个人彼此都不善于表达，彼此都喜欢口是心非，为了自尊不惜否认感情。

口是心非是亲密关系中的大忌。为什么那么多的人喜欢口是心非呢？口是心非是因为害怕说出自己心底的需要后被否定、被拒绝。为了避免自尊的受损，人们往往会言不由衷，说尽反话，装出一副满不在乎的样子，其实心里却是无限的渴望。这类人通常有很多被否定、被拒绝的经历。当我们总是被忽视，当我们的需要总是无法得到满足后，当我们的自尊总是被践踏后，我们习惯擦干眼泪，说我不在乎！

郭某防御心理很强，壁垒很厚，很显然她在曾经的感情经历中过度投入，受过很深的情伤，没有很好地疗愈自己，就匆匆地步入婚姻；或许试图在婚姻的城堡中逃避过去；当然也可能潜意识里希望在婚姻中获得疗愈。因为害怕再次受伤，她选择了不投入，在她的内心一定有这样一个顽固的逻辑：不爱，就不会受到伤害。也正是因为封闭自己而变得坚硬，因为不敢相信而变得钝感，看不到章某小心翼翼的期盼。

郭某的内心太细腻，太敏感，她总是期待自己不说，章某也能懂她，她也期待自己不经意的一句话，能够得到对方高情商的回应。她对伴侣的期待和要求其实很高，并且只愿意活在自己内心的世界里。她有一句最能代表她心境的话：我的世界他进不来，他的世界我也不想去。她固执地活在自己的世界里，拒绝改变。而略显笨拙的章某在一次次的试探和碰壁后，变得退缩和自我保护，导致两个人越来越疏离，渐行渐远。

我们用依恋类型来分析一下郭某和章某，他们很显然都属于回避型依恋模式。遗憾的是，他们没有因为彼此的相似性而产生理解与关怀。两个人的内心都是孤独而忧伤的，他们之间隔着一堵很厚的墙。每当双方的感性在墙上划出一点缝隙后，都会急忙用理性堵起这道缝隙。生怕这一小道缝隙泄露了他们最真实的脆弱和需求。但是他们似乎彼此都在等待对方找到开启自己这道厚厚的心门的钥匙。相信很多人和我一样，盼望着他们愿意敞开自己，说出每句藏在内心的真实的话，把自己的柔软、脆弱呈现在对方面前；盼望着他们有更多的倾听，给到对方更多的接纳和理解；盼望着他们主动向前一步，表达自己的需求，彼此信任，彼此依靠，勇敢去爱。

二、在亲密与界限之间达成平衡

无论夫妻之间的关系多么的甜蜜、亲近，但双方终究是两个独立的个体，相当一部分人无法在亲密和界限中找到最合适的那个位置。在过了最初的甜蜜期后，男性会把关注力更多地转向工作、事业、社交或者自己的兴趣爱好上，因此他们在这个阶段对于界限感的需求更多一些。而妻子对亲密感的需求却不会因此降低，因为她们更需要从亲密感中获取安全感。那么为什么丈夫和妻子在这个阶段的需求会这么不同呢？其实是关注力方向不同导致的。男性的关注力通常比较向外，他们对外界事物的兴趣范围也比较广泛，如他们会更关注同性间的友谊、体育运动、经济、政治、军事等。而女性的关注力通常更向内，她们更关注家庭，以及自己内心的世界。因此，如果双方在成长期没有一个学习和成长的意识与状态，两个人之间的差距将会在这个阶段拉大，关系也会在这个阶段变得疏远。

那么在这个阶段的丈夫和妻子究竟应该学习什么？丈夫要提升自己的感知力，让自己的内在变得强大或者平和，要学习亲密关系，要学习爱的表达；而妻子要尽可能地向外拓展自己的兴趣爱好，扩大自己的社交圈，建立自己除了丈夫、孩子之外的社会支持系统，要有一份能够体现自己社会价值的工作。

图 11-2 中的状态显示假如女性自己是外面的大圆，通常代表了母子型亲密关系模式状态；假如女性自己是里面的小圆，通常代表了父女型亲密关系模式状态。从图 11-1、图 11-2 两图的对比来说，男性相对来说在关系里更注重独立和界限感，对感情的需求浓度较低；而女性更倾向于亲密和依赖，对感情的需求浓度很高。当然，随着当代女性独立意识的增强，有一部分女性也倾向于接受图 11-1 的关系模式。因而这个图不是绝对化的，只是现实生活中部分比较常见的状态呈现。

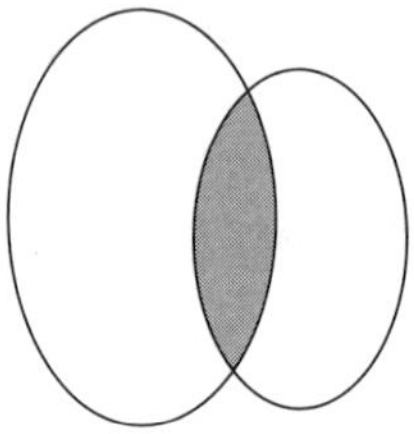

图 11-1　男性喜欢的关系状态

图 11-2　女性喜欢的关系状态

对男性来说，他们可能需要更多地了解妻子的心理需求，尽可能地把中间相交的部分扩大一些，给予妻子更多的陪伴和关心，培养双方更多共同的兴趣和爱好，也尝试适度依赖妻子，给妻子被需要的感觉，提升妻子在婚姻中的价值感，增加亲密感。对于女性来说，要警惕自己在感情上给到对方过多的控制感和吞没感，或者过多的依赖感，警惕自己在亲密关系中迷失自我。

美国作家罗伯特 · F. 伯恩斯坦在《关系：适度依赖让我们走得更近》中写道：适度依赖是这样一种能力，让你融合亲密和自主，在依靠他人的同时，仍保有强大的自我意识，并且在需要时乐于请求别人的帮助，而不觉得自责。这段话很好地诠释了依赖与独立，亲密与界限之间的关系。

笔者观察到有的女性在选择依赖还是独立，亲密还是自主的问题上总是找不到平衡点，大多会出现非黑即白的极端状态。她们往往会完全割裂依赖和独立之间的联系，认为独立就是完全不依赖，对异性不再有任何的期待和需求，对亲密关系表现出冰冷和疏离的状态；要么就是在亲密关系中存在过度依赖，失去了独立的自我。而有的男性则呈现出因过度强调独立而情感疏离的状态，他们担心依赖会令他们显得软弱。而这种从不依赖令伴侣在关系中很难获得安全感。两性之间在这个问题中呈现的状态其实说到底都是不了解什么叫心理界限，处理不好亲密关系中的界限问题。

心理界限，相当于自己和他人之间的一个栅栏，就是等于在告诉自己和他人什么可以，什么不可以。心理界限是对自己的一种保护，也是对关系的一种保护。在人际关系中，没有明确的界限，只会让彼此的关系逐渐崩坏。

我们常说自己的事、他人的事，就是在做界限上的区分。在婚姻中，我们和伴侣是独立的两个人，再亲密也是需要有界限感的，我们需要尊重彼此的界限。我们的核心家庭和原生家庭之间也是有界限感的。比如，当夫妻之间出现问题时，应该由双方自己解决，不要把小孩拉进来，让孩子被迫选择站队，要不然很容易造成孩子内心的混乱和分裂状态；更不能因为小夫妻之间的矛盾，把双方父母扯进来。再如，教育孩子主要是父母的责任和义务，老人可以适当帮忙照顾生活，老人过多的干涉，可能会造成夫妻之间的矛盾、婆媳之间的矛盾、亲子之间的矛盾，最终给孩子带来很大的负面影响。

学会划定恰当的心理界限，这对每个人都有好处。很多人误认为在亲密关系中划定界限，显得有点疏离，没有那么亲密。特别是有些女性非常喜欢过度缠结的状态。她们可能会查看别人的手机，自己从不会注意保护自己的隐私，对他人的隐私也会过于好奇或探究，对自己的物品和他人的物品在使用的时候也很随意……如果没有界限，彼此都可以随意对待对方，可能互相伤害了却不自知。

我们常说的“老好人”，其实就是缺乏心理界限的典型。他们无法对他人的要求说“不”，无法拒绝他人，常常牺牲自己，成全他人，常常把自己放在很低的位置上，任何人都可以轻易地对他们指手画脚，甚至可以无视他们的自尊和感受。“老好人”式的人际关系模式：我不好，你好。用牺牲自己心理界限的方式维持好的人际关系。但是自己在长期不好的状态里，好的人际关系是无法长久维持的。原因很简单，你根本就没有能量去长期维持。

如何找到亲密关系中亲密与独立，有界限又不疏离的平衡点呢？笔者画了一幅图让大家更容易理解。

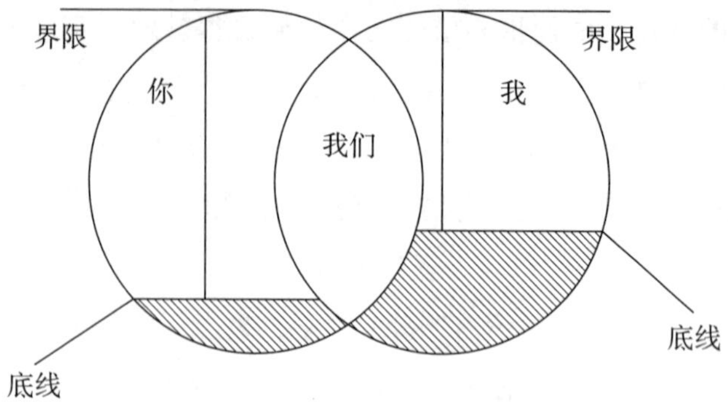

图 11-3　亲密关系中的界限

在婚姻关系里，夫妻之间界限的宽窄和底线的高低一定是不同的。属于双方共同的“我们”区域越大，说明两人的共同性就越多，双方的亲密度就越高。反之，“你”和“我”的个人部分越大，说明双方的独立性越强，或者可能疏离度较高。界限太宽、底线太高的人相对比较自我，对伴侣的要求通常也会比较高；而底线太低、界限过窄，通常对伴侣的包容度较高，但也可能是讨好型人格，习惯委屈自己、牺牲自己。界限应该是一个弹性区域，它不同于底线。底线通常涉及的是大是大非，通常是牢固不变的。一个人如果总是不断降低自己的底线，是不可能获得他人的尊重和重视的。而界限并不是固定不变的，我们可以根据关系的不同阶段，根据自己不同的心理需求进行阶段性的调整。界限应该是让自己和对方尽可能都觉得合适的区间。过度僵硬，会造成彼此的关系太过疏离，完全没有亲密与联结可言；界限模糊，可能会带来关系中的某些混乱。界限清楚的人，可以自由地调配“自主”与“亲密”两种特质，依据不同的状况，呈现不同的反应。保持界限适中，还会让人对关系有秩序感和归属感。因此关系双方都比较自我，亲密度不高的夫妻，应该多增加“我们”这部分的区域，找到更多的相同性，共同的生活目标、共同的兴趣爱好、共同的社交圈等，适当地减小自己的界限部分，凡事多从“我们”的角度出发，给予对方更多的接纳和包容，“我们”的利益应当高于个人的利益。而对亲密度要求很高，缺乏界限和底线的夫妻一方或者双方，会期待“我们”的区域非常大，对对方的一切都要了如指掌，彼此不能有任何的秘密，呈现过度控制和吞没的状态；或者是在关系中缺乏原则，丧失自我，把对方当成生命全部的依附状态。

亲密关系中最好的关系模式是：我好，你也好。谁也不委屈谁，谁也不牺牲谁，所有的付出都心甘情愿，你有付出，我有回报，双方都感觉舒服和平衡。这其实就是遵守心理界限最好的结果。婚姻中能够把亲密与界限之间的关系处理得平衡又不失弹性，是高情商的体现。

三、决定亲密关系走向的“领航员”

一段婚姻经历了磕磕绊绊的联结期和对彼此都有更高要求的成长期，进入相对安全的稳定期，如果没有高情商一路保驾护航，也可能半路翻船。一段良性婚姻，稳定和安全当然是最基本的需求，还有一点是容易被大家所忽略的，那就是良性婚姻关系的能量状态通常是正向的，或平静和谐，或轻松舒适，或积极欢乐；夫妻双方在关系里应该是感觉舒服的，可以相互滋养，相互成就的状态。高情商本身就是一种高能量的状态，而双方的高情商，或者至少一方高情商的引领，才能保证婚姻状态是正向的稳定。确切地讲，高情商在亲密关系的任何一个阶段都起到了重要的引导作用。

婚姻是最深入的一种亲密关系，因为距离太近，往往如同彼此手中都拿了一个放大镜，我们总是习惯看到对方的缺点和不足，擅长做彼此生命里的差评师；而高情商仿佛是亲密关系中的魔术师，面对同一事件，我们往往可以运用它化腐朽为神奇。

举几个真实的例子看看高情商是如何引领关系正向前行的。

案例

来自一位妻子的分享：我跟我老公认识了近 20 年，在这 20 年的关系里，我发现关系就像跷跷板，你强他就弱，你高他就低。我自己的原生家庭，父母的婚姻一辈子都是浑浑噩噩，充斥着暴力、吵闹、哭喊和对抗。在这种环境中成长的我，缺乏安全感，喜欢什么都自己主导，觉得这样才有可控感。但我不知道的是，这让我变得强势，夫妻关系里，也希望对方听我的，时间久了，对方变得越来越不作为，老好人，没主见，无欲无求；而我变得越来越焦虑，控制欲强，甚至暴躁。

在一次次跟对方的交锋中，我开始觉得疲惫，不懂他为什么会变成这样。

在接触心理学后，我才懂得，我的强势、控制让他失去了自主性和自信心。我开始慢慢学着放手，从让他修理一个水龙头，做一顿早餐开始，他做了，我就表现出开心，给予他夸赞，会和他讨论他做事情的经过、细节，让他在表述中找到成就感和自信心。就这样，在生活的各种细节里或工作中遇到瓶颈时，我都会及时出现，默默陪伴和夸赞他的每一次努力和进步，直到他真的感觉到了这里面的乐趣。到现在，每一次挑战后的成功，他都会跟我一起聊聊，然后继续投入下一次的挑战中，他变成了一个能享受生活和工作的乐趣，又很喜欢和我沟通的人。

心理学能让我们看到关系中争强好胜、争主导权、关系错位所带来的后果，除了夫妻关系之外，这个道理也可以扩展到其他跟人打交道的领域。有时候一味地争夺主导地位，不一定是最优方案；任何关系都是需要相互合作的，善于倾听，给对方发挥的空间，善于理解对方，夸赞对方，更能创造出一段美好的关系。

案例

来自一位妻子的分享：生活中这样的场景是我们家最熟悉的：他吃完晚饭就躺在沙发上看手机，然而，我的饭还没有吃到嘴里，一岁半的孩子就开始哇哇大哭。以往这个场景大多数的续集是：我愤怒地大吼大骂，他开始和我对骂，或者心不甘情不愿地去照顾孩子。此时我如果再嫌弃他照顾得不够妥当，那他马上会理直气壮地躺回沙发。

在学习心理学后，我改变了以往的处理方式：首先是看到自己和对方的情绪，比如他的沮丧，我的愤怒难过。其次是看到情绪后面的心理动机。我希望被帮助，他需要被认可。最后是我们想要达到何种具体的目的，他希望工作之余好好休息一下，我希望丈夫也能照顾孩子，能够主动参与育儿过程。那么这个目的如何做才能实现呢？首先我主动用合适的方式请求帮助：“老公，我正在吃饭，宝宝哭了，你可以帮忙照顾一下吗？”在他与孩子的互动中，肯定他做得好的地方，涉及安全问题，提示即可，其他的问题不必非要按照谁的方式。当然假如他也可以肯定我的辛勤付出：“老婆，你做的晚餐太好吃了，宝宝被你照顾得很好！感谢你的付出！”相信我们的关系会变得更和谐。

第十二章

如何提高婚姻情商?

第一节 丨 疗愈内在创伤

提到引起心灵创伤的事，我们就会想到战争、洪水、地震、火灾及空难等。其实，导致心灵创伤的远远不只是这些事件。我们在日常生活中可能会长期经历到的情绪忽视、情绪虐待、躯体虐待或者暴力，以及家人离世、亲密关系的结束、疾病或手术这样的个人经历，都会促进心理创伤的形成。其中情绪忽视和情绪虐待是儿童形成心理创伤的主要方面，它们常常会存在相当长的时间。林德曼在 1944 年对心理创伤的定义：一种“对原有依恋关系突然的、无法控制的破坏”。心理创伤是来自外在的、突发的、引起人们极大精神压力的极端或异常事件。[①]

随着时间的推延，创伤会渗透受害人的主观解释、行为模式、认知模式等方面，逐渐形成一种“创伤模式”（Fischer & Riedesser，1998）。“创伤模式”会导致受伤个体出现抗争或逃避脱节的行为结构；可以引起大量的感知和认知上的歪曲；有扩散（泛化）到其他精神范畴中的倾向（如泛化的焦虑）。

从以上概念我们可以看出抑郁症通常是由内在创伤导致的深陷症状，而焦虑症通常是回避内在创伤而导致的泛化状态。两者都会造成个体在感知能力上出现较大的问题。而我们说的高情商最重要的基础就是感知能力。

① ［美］巴塞尔·范德考克:《身体从未忘记》，机械工业出版社 2021 年版，第 21 页。

抑郁症的特点是关注力过度向内走，对外界过度敏感，或者过度迟钝，能量持续低落，拒绝或者很难和他人建立有深度的联结，社交呈现退缩、疏离和自我封闭状态。他们中存在的付出型人格就是我们常说的“老好人”，通常是因为自我的过度压抑而导致的抑郁状态。

焦虑症的特点是关注力过度外散，目标通常设置得过高、过多，容易受到外界因素刺激，在人际关系中容易出现界限不清的问题，喜欢干预或者控制他人，或者对他人的事情参与过多，整个能量通常是高亢但混乱的状态。

身患抑郁症的人因为个性敏感，感知能力较好，所以通常情商并不低，但是无法持续输出，会呈现心有余而力不足的状态。但身患焦虑症的人因为关注力过于外散，对他人和环境的感知能力通常较弱。他们中也存在付出型人格，但是这种付出常常因为失控的情绪而导致出力不讨好的结果。

无论是抑郁症还是焦虑症，都是我们心理生病了，和胆囊炎、胃溃疡、肠梗阻一样，是真的生病。

我国2020年心理健康蓝皮书《中国国民心理健康发展报告（2019～2020）》中有数据显示：2020年青少年的抑郁检出率为24.6%，其中，轻度抑郁的检出率为17.2%，重度抑郁的检出率为7.4%。

2021年，抑郁症患者全球累计超3.5亿人，其中职场人群是“主力”。世界卫生组织（World Health Organization，WHO）数据显示：中国有超过5400万人患有抑郁症，占总人口的4.2%[①]，相当于每100个人里约有4个人是抑郁症患者。研究发现，18—34岁的青年的焦虑平均水平高于成人期的其他年龄段，是酒精、失眠或疼痛药物使用障碍发病率最高的群体。其中无业/失业/退休人员的抑郁水平最高，其次是学生群体，主体是大学生。抑郁和焦虑等心理疾病在企业家和明星群体中同样呈现高发的态势。憨豆先生罗温·艾金森在电影《憨豆特工》上映后，外界评价这部电影哗众取宠、低俗不堪，陷入低落和抑郁的憨豆先生最后去了心理治疗中心接受治疗。

其实，得了抑郁症和焦虑症并不是令人羞愧的事情，我们需要用科学的

① 参见：《超5400万抑郁症患者还需要哪些支持？》，载光明网，https://m.gmw.cn/baijia/2021-03/08/34668238.html，最后访问日期为2022年4月28日。

态度来对待这两种心理疾病。

抑郁症经过系统心理治疗后痊愈平均需要 20 周。如果没有得到系统有效的治疗，单次病程一般会持续 24—60 周，总体复发率高达 50%—85%，其中 50% 的患者在 2 年内复发。在患者中，终生患病率为 6.8%。[①] 作为一名心理工作者，笔者强烈呼吁这些触目惊心的数据和案例能够被更多的人关注和重视。

在笔者数十年的婚姻个案处理经验中，有相当多的客户存在或轻或重的抑郁和焦虑症状。很多时候你很难界定是因为婚姻关系不和谐导致了他们抑郁和焦虑；还是因为他们本身的抑郁，令他们无力面对和解决婚姻中最常见的一些矛盾和冲突；或者说是因为他们本身的焦虑状态，令他们无法呈现出高情商的状态经营好婚姻关系、亲子关系。

以下是来自真实案例中的自述。

9 年前，我经历了人生中最痛苦的时刻。从一个可以活动自如的人成为一个行动不便的人，这巨大的落差让我内心充满了恨意，整个人的状态是颓废抑郁的。“我是最可怜的，我能有今天都是你们害的，我什么都不想做也做不了。”这是我当时内心的写照。

经过 2 年的康复，身体恢复了大部分（有些再也无法恢复到从前正常的状态），心里的伤痛却一直没有愈合，感觉生活时而看到希望，时而充满绝望，日子就这么浑浑噩噩地过着。

当时，我的状态郁郁寡欢，情绪波动很大，和老公的关系有很多隔阂（因为我对他家人的许多行为感到不满，而他只为他家人考虑，不考虑我和孩子，我心里有很多的怨恨。同时，我俩不懂沟通，老公下班只玩游戏不管孩子），孩子因为受我俩关系的影响，敏感、小心谨慎，整个家庭氛围是冷淡、紧张的。

几乎在我人生最低谷的时候，我接触到了心理学。为了改变自己的心境，让自己变得更好，也为了缓解与老公、孩子的关系，我接受了心理咨询。

在原生家庭中，我害怕被指责、挑剔，有好多话不敢说，在咨询师这里，

---

① 参见于《2021 中国抑郁症领域白皮书》。

无论说什么都会得到理解，那种被理解、被支持的感觉让我慢慢有了力量。每次咨询，咨询师都会用专业的方法帮我处理以前的伤痛，同时帮我纠正认知中有偏差的地方，我逐渐明白，谁痛苦谁改变，只有我改变了，才能带动周围人的改变，而不是期待别人改变。

在咨询师的帮助和影响下，我学着接纳自己，摒弃受害者心理，试着换位思考，理解他人，改变过度自我、过于依赖的性格，学会抓大放小、正确表达。我重新审视自己与父母的关系，开始理解父母的难处，与父母和解，以前一直不能释怀的事情慢慢看淡、放下；与老公的关系有所缓和，他不再逃避到游戏的世界中，开始照顾家庭，接送孩子，陪着我和孩子一起出去玩，也能理解我的一些想法，家里变得温暖、轻松；与老公的家人能保持适当的距离，不会因为他们的言行影响与老公之间的感情；与同事找到了合适的相处方法，不再感到困扰。

正在一切慢慢好转的时候，生活又给了我一记耳光。孩子上一年级后，晚上睡到半夜有时会突然惊醒大哭。经过咨询师的分析，原因在于我对自己有高的要求，所以对孩子也有很高的期待，焦虑情绪传递给了孩子，同时，父母教养孩子的方法都是强势控制型，导致孩子压力大，没有得到及时的排解。

我不想孩子走我的弯路，于是再次和我的咨询师预约了心理咨询。她教我学着放下对成绩的执念，给孩子减压，引导老公多与孩子互动，增进亲子关系，并且学会共情、理解孩子。与此同时，我请我的咨询师和孩子聊聊天（做咨询），了解孩子内心真实的想法，帮助孩子舒缓压力。几次聊天后，孩子看上去轻松了很多，晚上睡觉惊醒的次数慢慢减少。老公意识到问题的严重性后，也开始改变，经过我们共同的努力，孩子的睡眠恢复正常，孩子的学习成绩也越来越好，父子关系也亲近了很多。

如果没有接触心理学，我还是那个痛苦迷惘、怨天尤人的抑郁症患者，还是那个不肯长大、软弱依赖的小女孩，如果没有接受心理咨询，我还是那个全身负能量、内心剧烈冲突的人。感谢我的心理咨询师，她引领我成长，改变了我的生活状态；感谢心理学，它让我认识了自己，成为更好的自己！

以上的案例告诉我们，心理疾病对我们的亲密关系会产生非常大的影响，无论是与伴侣之间，亲子之间，还是与父母、兄弟姐妹之间，甚至会影响到我们最普通的人际关系。生病了就一定要及时寻求专业的帮助，积极治疗。一个身心健康的人，才能以高能量、高情商的状态与人相处。

那么如何疗愈内在创伤呢？轻度的抑郁和焦虑可以通过宣泄、表达、正念、认知调整、运动调节、聚焦于自己真正喜爱的事情上，并由此获得价值感；以及建立自己的社会支持系统等方式来恢复自我能量，处理内心的创伤。中度和重度抑郁与焦虑的患者建议积极寻求专业帮助，通过药物和心理咨询辨证治疗。

第二节 空杯心态

哲学家们认为人的认知分 4 个层面：一是不知道自己不知道；二是知道自己不知道；三是知道自己知道；四是不知道自己知道。我们可以把处于第一个层面的叫无知的状态，处于第二个层面的叫谦虚的状态，处于第三个层面的叫自满的状态，处于第四个层面的叫虚怀若谷的空杯状态。

空杯心态是一种归零的状态。随时对自己拥有的知识进行重整，清空过时的知识，为新知识的进入留出空间；忘却过去，特别是忘却成功，在批评和赞扬面前都需要保持一份警醒。与时俱进，保持活力，终身成长。

有些人在亲密关系中，或者在寻求专业心理帮助的过程中，缺乏这种重新认识自己，重新认识伴侣，重新学习如何经营关系的空杯心态，固执于自己的认知或者旧有的思维模式、行为模式，常常出现对抗或阻抗的状态。特别是已经在某些领域取得了一些好成绩的人，如金钱、名利等方面，这些已经取得的成就更容易令人们变得固执与自负。这类人可能在事业上做得顺风顺水，但是一遇到感情，一遇到亲密关系，就会变得一地鸡毛。心理学家荣格说过：如果一个人在思考方面是优异的，那么在情感方面他就肯定不会出众。因为你不可能在同一时间完成两件事。这两件事会相互遮蔽。在婚姻这种难度极高的关系中，起主要性作用的恰好是情商，而不是智商。我们在自己不擅长的领域里更应该具备这种空杯心态。

这种情况更值得我们去思考：假如我坚持的一种认知模式或者心理行为

模式，并没有让我的情绪状态变好，也没有让我的关系状态变好，没有让我更轻松、更快乐，那么我是不是应该思考一下，我需要拐个弯，或者换条路？所谓的成功固然重要，然而最终你想通过成功获得的那些心理感受才是最重要的，而那些心理感受无非就是对自己的认可，在关系中存在的价值感，还有幸福。

第三节 ❙ 摒弃负向思维模式，建立正向思维模式

什么叫负向思维模式？什么叫正向思维模式？我们不用难懂的词语来解释更难懂的心理学名词。我们试着用两个寓言故事来解读这两个概念。

寓言故事 1

一位充满智慧的老人在沙漠外搭建了一间简陋的草房，专门为经过沙漠的旅行者提供帮助。某一年的盛夏，两个筋疲力尽的人顶着烈日艰难地走出了沙漠。老人见状，连忙为两人各端上了半杯水。其中一个人看到这半杯水后大怒："我都好几天没喝一滴水了，半杯水有什么用？"另外一个人看到这半杯水后，非常开心地说道："太感谢您这半杯水了，真解渴！"

这就是著名的半杯水思维理论。同样的半杯水，有的人看到的是缺少的那一半，有的人看到的是拥有的那一半。显而易见，负面思维角度带来的感受是不满、失望和愤怒；而正面思维角度带来的感受是满足、开心。所以，我们的情绪好坏其实是由我们看待事物的角度不同造成的。在婚姻关系中，有人嫌弃温柔的伴侣不会赚钱，有人嫌弃会赚钱的伴侣不温柔，总是用放大镜去看伴侣的缺点和不足，不断地挑剔和抱怨伴侣，把自己对完美生活的期待全部施压在伴侣身上，自己很失望，伴侣也不堪重负。

寓言故事 2

有位老婆婆，她有两个女儿。大女儿嫁给了卖伞的，小女儿嫁给了卖鞋的。她每天都在为两个女儿发愁。一位智者看到后，问她为什么总是愁眉苦

脸的？她哭哭啼啼地说："这几天总下雨，我的小女儿该怎么办啊，一双鞋都卖不出去了。过几天又连续大晴天，我的大女儿又该怎么办？谁还会买她的雨伞呢？"

智者说："下雨的时候，大女儿可以卖出更多的伞。晴天的时候，小女儿的鞋子生意就更好。这样想是不是很开心呢？

老婆婆恍然大悟，从此很开心。

现实并没有发生任何改变，可是由于关注角度不同，思维角度不一样，结局大不相同。一个快乐的人于己于人势必都是舒服和自在的。一个像小太阳一样乐观的人，会给整个家庭带来轻松、愉悦的氛围，这样的家才是幸福的港湾。所谓的智慧和高情商，首先需要你拥有正向思维模式。

拥有正向思维模式的人和拥有负向思维模式的人在个性、认知、情绪、行为方式等方面差异巨大。

拥有正向思维模式的人通常比较独立、积极、更容易接纳和包容他人、能够自我负责、更敞开、愿意接受变化、自信、乐观；而拥有负向思维模式的人通常比较依赖、消极、对他人苛刻、挑剔、封闭、抵制变化、更容易偏执、嫉妒、自卑、胆怯、惧怕。

正向思维使我们的大脑处于开放状态，使我们的情绪处于"兴奋"状态。这种状态下的能力、创造力和潜力很容易被挖掘和激发出来。负向思维恰好相反，它否定自我，轻视自我，并放弃开发自我的努力。当我们的思维在正方向上，大脑的指令是正确的，方向和方法正确，努力必然有良好的结果——导向成功。而当我们的思维在负方向上前进，所有的指令则限制和阻止你自身力量的发挥，恶化你和外界的关系。方向错误，越努力，离成功越远。严重的负面思维甚至会导致人们选择自毁。

有人说，我就是习惯性的负面思维，一下子就掉进去了，很难转变。思维模式的转变的确是个不容易的过程，有两个重要的方法可以帮助到大家。

一、关注点从"Why"（为什么）转移到"How"（怎么做）

负面思维方式有个特点那就是总喜欢向内找原因，或者是在他人身上找原因，而不是将关注力放在向外寻找资源和解决问题上，因为缺乏目标感，从而缺乏行动力。

当你的关注力一直停留在“Why”这个阶段，很容易让自己停留在受害者的位置上，总喜欢翻旧账、无休止地抱怨、声讨对方；期待修改过去、期待他人为自己负责。沉溺在过去负面的记忆和情绪中不愿意出来，把过去发生的事件或者自己负面的感受当作一个挡箭牌，掩饰自己当下真实的状态，为自己拒绝成长和改变找个理由。抑郁也罢，焦虑也罢，一直是问题的结果，而不是问题的原因。如果你将这种局限思维转换成“How”，你的关注力就从过去回到了当下，你开始给自己设置新的目标，这个转变就会激发大脑进行创造性思考，并提出更多有智慧的想法，然后为新的机遇、成长和自我提升打开大门。

假如你真的想要走出旧有的思维模式，那就停止抱怨。从之前不断地想为什么，转而开始思考我怎么才可以做到。去解决问题，而不是停留在问题里。不要让自己困在自己创造的精神牢笼中，给自己设置目标，并实现目标，才能获得真正的自我提升。

二、从最糟糕的事情中找到价值和意义

心理学中有一个情绪 ABC 理论。情绪 ABC 理论是由美国心理学家艾利斯创建的理论，是认为激发事件 A（Activating Event）只是引发情绪和行为后果 C（Consequence）的间接原因，而引起 C 的直接原因则是个体对激发事件 A 的认知和评价而产生的信念 B（Belief）。也就是说，人的消极情绪和行为障碍结果（C），不是由于某一激发事件（A）直接引发的，而是由于经受这一事件的个体对它不正确的认知和评价所产生的错误信念（B）直接引起。错误信念也被称为非理性信念。

A 是指事情的前因，C 是指事情的后果，有前因必有后果，但是有同样的前因 A，产生了不一样的后果 C1 和 C2。这是因为从前因到后果，一定会通过一座桥梁 B，这座桥梁就是信念和我们对情境的评价与解释。又因为，同一情境之下（A），不同的人的信念以及评价与解释不同（B1 和 B2），所以会得到不同结果（C1 和 C2）。因此，事情发生的一切根源于信念（信念是指人们对事件的想法，解释和评价等）。

情绪 ABC 理论的创始者艾利斯认为：正是由于人们常有的一些不合理的信

念才使我们产生情绪困扰。如果这些不合理的信念存在，久而久之，还会引起情绪障碍。因此改变情绪，最重要的就是改变信念，改变你看待这件事的角度。而这个信念，就是这个问题的存在究竟有怎样的价值和意义。当我们能从最糟糕的事情里找到价值和意义后，我们就很容易从情绪沉溺状态里走出来。

很多人经常会被内疚感深深地困扰着。内疚感是一种负向级别很高的感受，长期沉溺于此，大概率会陷入抑郁的状态。

有一位妈妈曾经这样对我描述：孩子小的时候，我也很年轻，第一次当妈妈，真的完全不懂得怎么去教养孩子，那个时候我一个人带孩子，没有人能帮我搭把手，我太难了，太累了，情绪经常失控，对孩子乱发脾气，给孩子小小的内心造成了很大的伤害。我都不敢回想那段日子，一想就内疚得想哭，觉得特别对不起孩子。

我说：是的，我看到你一直很内疚，一直很后悔，你特别想回到过去，去改变这一切对吗？但是我们真的没有办法回到过去了。那么假如这份内疚感的存在还是能带给你一点意义的，你觉得这个意义是什么？

她想了想说：从现在开始的每一天我都要好好补偿我的孩子，用心陪伴她，给她一个最温暖、最有耐心、最爱她的妈妈。

我说：是的，现在开始做还不算晚。另外，你还可以把你内心这些真实的感受告诉你的孩子，请求孩子的原谅。说出来后你的内疚感就会降低，孩子的原谅会更加帮助你减少内疚感。总是带着这么沉重的内疚感，你是不可能有更多的能量来给予你的孩子的。所以，你需要原谅自己，做一个乐观且有活力的妈妈吧。

这位妈妈听后，神情明显放松很多，流过泪的眼睛开始发光了。我知道，此刻，她的内心开始发生改变了。

负面的思维模式通常会带给我们负面的情绪感受，怨念较多的人通常是对他人期待过高，要求他人为自己的人生负责。心里难受了，就提醒自己换个角度看问题，什么角度让自己感觉舒服就换什么角度。改变思维模式还可以从写情绪日志、感恩日志开始，发现生命中美好的点滴；了解自己的情绪，用理性分析的方式来调整认知，化解情绪。另外，我们还可以通过扩展自己的关注力，积极思考，发展兴趣爱好，建立正向、有意义的社交圈，构筑良好、稳固的社会支持系统，学习心理学、哲学知识等方式来帮助自己。重要的是要有为自己的快乐负责的意识和态度。当然，用正向思维模式来代替固有的负向思维模式，通常需要一个漫长的过程，不会一蹴而就，需要保持一种高度觉察的状态。

第四节 | 学习沟通的艺术

相信婚姻中的每个人都有过相同的感受，那就是夫妻双方经常会在交流中发生各种误解和冲突。误解通常是两种问题导致的：一是说话的人没有能够准确地表达清楚自己的所思所想，二是听话的人没有能够准确地理解说话人的意图。而冲突通常是因为倾诉者用了指责、抱怨等情绪来表达需求，而倾听者则是因为没有能够看到倾诉者指责背后的心理需求，没有给到倾诉者合适的回应，或者说用对抗或者回避来回应对方。

表达与回应是人际关系中最重要的一种传递，也是夫妻双方维系情感、和谐相处的工具。如何说对方才愿意听，如何说才容易被对方听懂；或者如何回应对方，才能让对方感受到我们的关注、关心和爱，是一门需要好好学习的艺术。

一、有话好好说，非暴力沟通

笔者经常给身边人推荐一本由马歇尔·卢森堡撰写的《非暴力沟通》一书。笔者注意到，相当多的人在亲密关系或者普通的人际关系中的冲突都与不擅长沟通，不懂得如何交流有关。比如，很多女性喜欢用情绪来表达需求，而很多男性根本就不表达需求。很多男性习惯理性思维，只在乎对和错，在乎事情的结果；很多女性过于感性化，表达的时候常常喜欢翻旧账，不能做到就事论事，甚至闹完情绪后，对方根本不知道她到底在表达什么。还有一部分人在人际关系中很在乎自己的感受，却从来不在乎对方的感受。假如你无法和身边的人有良性的、有效的沟通，人际关系中存在一些不和谐与障碍，那么你真的需要好好学习沟通了。

《非暴力沟通》这本书阐述了表达中的四要素：

- 观察——清晰地说出来自己看到的、听到的事件的观察结果，但是不加入任何自己的看法和评论。一旦加入了自己的评判，就容易引起对方的反感和阻抗。
- 感受——清楚地、诚实地表达自己内心的感受。
- 需要——觉察自己内在的需求。每个人面对一个事件的结果会有不同的感受，如高兴、愤怒、悲伤。这是由我们内心的需求是否得到满足决定的。当我们面对事件产生了感受，可以思考是什么样的需求导致了那样的感受。
- 请求——说出具体的请求，满足我们内心的需求。

案例

2020 年夏天，当时我们厂里的生产任务非常繁忙，几乎天天加班，我心里感到烦躁和焦虑，但后续的生产任务依旧非常繁忙，我开始感到愤怒，因为天天这样工作，我的身体已经很疲劳了，状态低迷影响了生活和工作状态，另外我也需要业余时间来丰富我的生活。我当时下意识的反应是：领导就是这样，为了赚钱不顾别人的感受，太自私了。但冷静下来之后，我想了想，为什么会这样？我换位思考去体会他的感受和需求，他可能确实是客户订单太多了；一时招不到人；无法扩大生产规模。而他让我们天天加班不一定是不考虑我们的感受，而是并不知道我们内心的感受和需求。于是决定试试用非暴力沟通的方式去找领导谈谈。我首先表达了对领导困难的理解；其次清晰地表达了自己的感受：连续加班一个多月了，我感觉很疲惫，也有些不舒服，因为我的身体扛不了这样的劳动强度；而且我也需要时间来丰富自己的业余生活。我问领导能否有让我减少加班，同时又不耽误生产任务的办法？本以为领导会认为我矫情，结果领导非常和气地感谢我对他的理解，决定找其他人负责晚上的加班工作。这样的沟通效果好到出乎我的意料。

现在再遇到事情的时候，我选择站在对方的角度看待问题，当发现了事情的另一面，就能够体会到对方的感受和需求；并且能表达对于对方的理解，创造和谐的沟通气氛，对方就更愿意满足我们的愿望。清晰地陈述事实，而不加任何的评判，对方就不会有任何不好的感受。说出来事件给我们的感受，以及哪些需要导致的感受，对方就更能明白我们需要什么，最后和对方共同商量，找出解决问题的办法。

以前在遇到事情的时候，我往往会指责他人，把心里一切的困惑都归咎到别人身上，这不但导致我经常和他人发生争吵，同时也导致了心态的偏执。《非暴力沟通》这本书让我明白了，无论遇到什么事情，哪怕听到什么不中听的话时，我也会先倾听他陈述事情，思考他为什么会有这样的情绪，是什么需求导致了他有这样的情绪；体会他人的感受和需要，甚至产生共情，也自然不会条件反射似的立刻打断和反驳对方，情绪也变得不再那么容易愤怒。

好好说话，好好交流，听起来是很简单的一句话，但是其实要做好并不那么容易。当你跟一个人说话时，对方能感知到的是 55% 的形象和态度 + 38% 的眼神和语气 +7% 的具体内容，这就是艾伯特·麦拉宾提出的“55387 定律”。我们说话时的眼神、面部表情、肢体表现、每句话的前后顺序、语气、语速、声调、措辞、沟通时的环境、时机……每一样都能影响到沟通的效果。我们在和伴侣的沟通中，如果带着脾气跟对方说话，那么对方真正听到的可能只有 7%，剩下感受到的只是你的情绪。而人们应对他人情绪时的反应通常是：防御、对抗、攻击、逃避。所以，我们常常强调：表达你的情绪，而不是用情绪来表达。这句话其实也是非暴力沟通的精髓所在。

沟通是门大学问。笔者简单概括几条夫妻之间沟通时需要注意的要点。

第一，表达时多以“我”“我们”为开头，尽可能不用“你”开头。用“你”开头，指责的意味会更浓。

对比：“我感觉有点难过，你刚才说话的口吻伤害了我。”“你刚才说话的口吻伤害了我，让我感觉很难过。”这两句话表达顺序不同，带来的感觉就不同。前一句的表达强调的是自己的感受；而后一句会让对方感觉被指责。当一个人被指责后，他的第一反应可能是否认，或者反击。

第二，表达时尽量不使用否定句式，也尽可能不使用反问句式。

对比：“你不要把袜子扔得到处都是！”和“你可以把袜子放进洗衣机里吗？”前一种表达可能导致对方不闻不问，甚至扔得更厉害。后一句通常对方会愿意配合去做。

对比："难道你觉得自己还有理了？"和"你觉得自己是有道理的，对吗？"反问句式听起来有讽刺的意味，十有八九会让冲突升级；而后一种表达方式是一种倾听和探讨的状态。

第三，表达时尽可能不使用绝对性的词语，如必须、肯定、一定、绝对、总是等词，而是用也许、或许、可能、通常、比较等灵活性的词语来代替过于绝对性的词语。

对比："你总是把脏的袜子扔在沙发上"和"你比较习惯把脏的袜子扔在沙发上"。前一种表达的方式指责的味道更明显，通常对方会为自己辩解，也可能会和你对抗，他可能会这样回应："我哪里总这样了？我就是偶尔吧？你为什么总挑剔我啊？"

第四，用表达请求的方式寻求对方的帮助，而不是用命令的口吻。命令的口吻会令对方感觉到不被尊重，势必会引发对方的消极对抗，甚至反击。

对比："把碗刷一下！"和"可以麻烦你刷下碗吗？"前一种表达给对方一种居高临下的指使感，给听者一种不被尊重的感觉。

第五，表达时需要直抒胸臆，避免过于委婉、隐晦，减少让伴侣误会不解的概率。

对比："我觉得我们之间的距离越来越远了。"和"你愿意放下手机和我说说话吗？"前一种感觉让伴侣觉得你又开始矫情了，后一种表达对方很明白你的需求是什么。

第六，对伴侣可以多使用"对不起、请原谅、谢谢你、我爱你"几个词。夫妻之间彼此的尊重、保持合理的界限、感恩的心态、温情的表达是保持良好关系的关键。

总而言之，不同的表达方式带来的结果通常是不同的，想得到让你满意的回应，就学着用更好的方式来表达。沟通是门艺术，不存在无师自通，需要靠我们自己用心揣摩、反复实践、学以致用。

二、合适的回应：倾听、共情和同理心

在沟通和交流中怎么才算是合适的回应，或者说怎样才叫有爱的回应？三个关键词是：倾听、共情、同理心。这三个词语虽然都是心理学上专用的，

但是相信大多数人也多少有所耳闻。

（一）倾听

倾听不是简单地用耳朵来听，它也是一门艺术。

倾这个词，是身体微微向前倾斜的意思。假如你细心一点观察，就会发现，当我们对一件事情或者一个人感兴趣的时候，我们的身体会不自觉地向这个人的方向微微倾斜。这叫作身体的语言。因此我们在听伴侣说话的时候，用这种身体语言来表达我们对伴侣的关注，会令对方感觉很好。

倾听代表着我们听到的不仅是对方表面的意思，还要努力倾听对方言外之意，和无法言说的背后隐藏的内容，这是需要很强的感知能力来支撑的。当我们倾听的时候，除了身体微微前倾以外，还需要保持眼神的专注，用简短的语句回应对方，表示你在专注地听。这就好比英文中“listen”和“hear”之间的区别。特别是女性在表达的时候不喜欢直抒胸臆，喜欢迂回、委婉，导致大部分真实的意图是隐含着的，更加需要丈夫提升自己的感知能力，理解伴侣真实的意图。

倾听就是专注地听他人说，而不是自我表达。所以多听少说是倾听的根本。静静地倾听，就是最好的陪伴，也是能够给予他人情绪最好的支持。特别是对于女性来说，大部分的时候她们仅仅是想通过诉说宣泄一下自己的情绪，她们并不需要你的建议。而男人通常不太喜欢诉说，也不太喜欢向他人征求建议。但是一旦他们愿意开口说的时候，耐心地倾听，及时地肯定和赞赏，通常会让他们眉飞色舞。

北卡罗莱纳大学的教授史蒂芬·波戈斯的多层迷走神经理论认为：身体会根据细微的内在感觉、外界的声音和面部表情的交互作用判断安全和危险。温和的面部表情和安抚人心的声音可以奇迹般地改变我们的感受，当我们被生命中重要的人看到或者听到时，我们会感到平静和安全；而被忽略或蔑视会使我们陷入愤怒或者精神崩溃。当我们集中注意力与另一个人共鸣时，会让我们远离混乱和恐惧的状态。[①] 因此专注地倾听、温和地回应是令亲密关

① ［美］巴塞尔·范德考克：《身体从未忘记》，机械工业出版社 2021 年版，第 70 页。

系保持平衡与和谐的一个要素。

（二）共情和同理心

共情和同理心，在英文中是同一个单词“empathy”。共情是心理咨询行业专用名词，是指咨询师感知对方的情绪感受，理解对方处境的一种能力。有的学派认为同理心一词是构造主义心理学家铁钦纳首先使用的；还有的学派认为共情一词首先是由人本主义心理学家罗杰斯提出的。当然也不排除只是因为不同的翻译导致的歧义。从字面上解读，共情更偏重于情绪和感受层面，偏感性层面，如我能感受到你的悲伤和恐惧；同理心偏重于思维和认知层面，偏理性层面，如站在你的角度，我能理解你的想法。也有人认为共情是作为动词使用，同理是作为名词使用的。在本书里，我们把两者等同起来解读。

共情、同理心和同情是有区别的，同情并无感同身受之意；共情和同理心是和对方站在同等的位置上，是站在对方的角度，对方的立场上去感受和理解，而同情所占的位置或许有点高，常常和可怜、怜悯等词语联系在一起。因此大多数的人并不喜欢被他人同情。同理心理论关注的是感受，认为感受永远大于事实。我们在与他人交流的过程中，需要更多地关注到问题或者事件给对方带来的感受，而不是在事实的真假对错上反复争论、较真。这和人们常说的“家不是讲理的地方，家是讲爱的地方”如出一辙。为什么人们都讨厌喜欢讲大道理的人，其实喜欢讲大道理就是缺乏共情力的表现，也被认为是缺乏情商的表现。

一个有同理心的人具有怎样的特质呢？首先具有很好的感受力，懂自己、懂人性。其次是愿意用心倾听他人；愿意把自己的温暖和能量传递给他人，内心柔软、充满善意。它既具备先天拥有的部分特质，也可以通过后天的学习和训练获得提升。

我们来举些正面和反面的例子对照一下，便于大家理解：

反面例子如下。

妻子：我今天在单位因为一件小事被领导批评了。

丈夫：哼，你自己身上的问题自己不清楚吗？我平时再三提醒你，你从来不听，也不改。

正面例子如下。

丈夫：难怪你今天一回家就很不开心的样子。等会儿我带你出去洗个头，放松一下。你现在想和我说说具体发生了什么吗？

反面例子如下。

丈夫：老婆，我今天很开心，我跟了很久的单，终于签了合同了。

妻子：这么长时间了，才签下来一单合同，有什么好开心的！签下来你能得多少奖金啊？

正面例子如下。

妻子：太好了！跟了这么长时间终于拿下了，辛苦我的老公了！我们开瓶红酒庆祝一下？

有人说，这个世界上从来就没有感同身受。这里面存在一个认知上的误区。尽管心理学家铁钦纳定义的同理心是有相同的经历，才会有相同的感受。但事实并不完全如此。因为人类有很多的感受是相同的。著名的生物学家达尔文认为人类和其他哺乳类动物一样有相同的感受、直觉、热情和爱，甚至共享一些更为复杂的情感，如嫉妒、怀疑、竞争、赞赏和宽容。很多情绪感受几乎是人类与生俱来的，如悲伤和恐惧。比如，面对失去亲人的人，我们并不需要自己经历过亲人去世才能感受到对方的悲伤；又如，面对身体严重残疾的人，我们即使四肢完好，也能体会到对方的无助。同理心和我们常说的慈悲心是一回事，它产生的基础是拥有换位思考的能力。

第五节 ▎破局思维

我们固有的思维模式就好像是困住我们每个人的局，由于我们身在其中，时常麻木着，感觉不到。或者说，我们能够意识到自己目前的某方面正处于一个负循环，但无法脱离。破局思维就是不破不立，但是通常会令人感到痛苦。打破当前的状态，给自己一个全新的开始。走不通的路就不要再走，更换一个方向，换一条路走。或者说要有及时止损的意识，防止沉没成本越来越高。通过“制定新目标→发现新问题→针对性学习→针对性实践”这样的顺序建立全新的良性模式。

当我们的婚姻关系出现了严重的问题时，我们首先需要用破局思维对自己的婚姻关系做出一个理性的评估：

- 无限期的冷暴力，并且双方都不再有解决问题的动力。
- 夫妻生活长期不和谐，双方或者单方长期无法从中获得满足感。
- 伴侣存在酗酒、家暴、失控型借贷等恶习，以及反社会人格的问题。
- 和他人同居，并且婚外生子，发生事实婚姻。
- 对方的言谈举止不断突破你的心理底线。

当婚姻关系出现以上几个严重问题时，我们需要有破局思维，敢于止损，敢于推倒重来，把自己从痛苦的深渊中解脱出来。总结和反思上一段关系中自己存在的问题，修正以往关系中的错误，理顺过往关系；学习经营婚姻的智慧，提升自己的沟通和交流能力，提升自己的能量状态，以一个全新的自己进入下一段关系。只有这样，才不会在一段新的关系里重蹈覆辙。如同我们常说的那句话：不会游泳，换再多的泳池都没有用。

案例

我和他是“80后”，在三线小城市生活，两人是同学，自由恋爱结婚，结婚后有老人和我一起照顾孩子。他几乎不参与育儿，当时也不觉得有什么问题，想着他在外面拼事业。可是，他后来整夜不回家。我感觉婚姻出现了问题，可是又说不出是哪里出现了问题。直到另一个女人的出现，我才意识到问题所在。

我的婚姻已经面目全非了。我想不明白，为何我对这个家付出全部精力换来的却是这个结果。过往有多少辛苦，此刻就有多少委屈。我的情绪反反复复，一直纠缠很深，难以走出。

后来在心理老师的帮助下，我才开始慢慢放下执念。在这段婚姻关系里，我都是以孩子家庭为中心，大包大揽了所有事情，也通过付出证明了自己是有价值的。并且在婚姻中自己的界限和底线也不够清晰。当我开始把关注力放在自己身上，开始学习爱自己，认可自己，我的头脑开始变得清晰起来，今天的我终于一步步走出了离婚的困局。

很多时候我们认为一定要怎样，但是“必须要怎样”这个思维的确藏着很深的执念。放弃执念，转换个角度，困住你的局自然就破了。把婚姻看得重于一切的女性，需要走出家门，打开自己的视野，看到更辽阔的风景，让自己在其他地方，其他事情上也能找到自己存在的价值感，当你把自己活出更丰富、更鲜活的姿态之后，婚姻的问题有时会自然而然地得到化解。因为你的自信及价值，被对方看到且欣赏了，当你不再执着于问对方要的时候，他反倒会愿意主动给你了。试试看吧！

第十三章

婚姻情商为良性婚姻保驾护航

第一节 ❙ 经营婚姻的意识与态度

我们在经营婚姻的过程中会渐渐领悟到一个道理：这个世界上，终究没有一个最适合自己的人，就看你是不是愿意花时间去经营一段关系。很多婚姻关系的结束，除了选择性错误，更多的则是相处模式和沟通方式出了问题。婚姻其实就是把两个出身背景、成长经历、教养模式、生活习惯完全不一样的生命融合在了一起，这确实是一件非常困难的事。婚姻是一个动态的过程，它是时刻在发生变化的。有人这样描述婚姻：关系就像随时都在抖动中的两颗小球，保不住哪刻一颗球就偏离位置了，需要不停地经营，加强彼此间的引力。因此夫妻双方都应该有认真经营婚姻的意识和态度，切忌结婚后就开始试图一劳永逸。

缺乏经营婚姻的意识和态度通常表现在以下几个方面：

第一，过度自我，缺乏“我们”这个概念。过于在意或者强调自己的得失或者感受，或者任性妄为，把个人的自由、舒服、权利、利益等置于“我们”这个整体之上。婚姻是两人的共舞，也就是两个人一起完成的课题。互相配合着对方的步伐，描绘出和谐幸福的轨迹。换句话说，这既不只是我的幸福，也不只是你的幸福，而是我们一起累积的幸福。从恋爱到结婚的过程，就是：我→你→我们→我们的家人。

第二，婚后与原生家庭之间的关系依然过度缠结，把原生家庭的需求置于核心家庭之上，甚至为了满足原生家庭的需求，不惜损伤，甚至毁灭核心家庭。虽然结婚了，但是整个身心都还留在原生家庭中的状态，依然停留在“孩子”的角色里，而不是妻子或者丈夫的角色中，这会给伴侣造成一种你和我不是一条心的感受。

第三，对外人礼貌、友好、客气；对家人无理、冷漠、粗暴；把最糟糕、最丑陋的一面都留给了最亲密的人，把伴侣当成情绪的垃圾桶，对伴侣和婚姻缺乏应有的尊重和界限感，肆意践踏伴侣的包容和理解。

第四，想当然认为伴侣对自己的爱和好是一辈子都不会改变的，或者拒绝接受婚姻关系中出现的任何变化，或者认为感情和婚姻必须是完美无瑕的。缺乏持续学习和自我成长的意识。不能接受关系中有任何变化的，是一种认知角度的偏执。

第五，当婚姻关系出现问题后，缺乏积极主动解决问题和改善关系的意识，而是呈现麻木、回避、逃避、外求，或者被动等待的状态。

第六，回避矛盾，拒绝沟通，靠时间来化解矛盾；或者害怕冲突，维持苹果皮式的假和谐状态。时间并不会化解矛盾，隐藏在井盖下的矛盾和情绪只会通过时间来发酵，在遮盖不住的一刻彻底爆发。

下面我们举几个正面的例子，看看这些案例中的当事人是如何重视婚姻经营的。

案例

夫妻关系优先于亲子关系。在此之前，这两者的关系我是倒置的。我总觉得老公的缺点很多，不懂得沟通，不让他参与孩子的教育，也并不回避地在孩子面前多次表现出对他的不满，更是不希望孩子成为他那样的人。后来，孩子先是与老公关系僵化，接着出现了严重的心理问题，但我仍然未觉醒。

直到我找到心理咨询师接触心理学，才逐渐认识到父亲在孩子的成长过程中有多么重要，才真正意识到婚姻经营有多么重要。在老师的指引下，我开始愿意看到老公表象背后的需求，看到他为家庭所作的贡献，多去发现他的优点，包容他，关心他。慢慢地，我们夫妻间能平等、平静地对话，家庭氛围也有了温度，孩子也从房间走出来，回到了餐桌上。

因为夫妻关系的缓和，孩子爸爸也愿意做出改变。我们与孩子平等对话。我们学会在开口说话时提醒自己，用描述性的语言观察正在发生的事情，不带情绪，从而和孩子达到良性沟通。

家庭成员是同呼吸、共命运的共同体。好的夫妻关系是好的亲子关系的前提，也是良好家庭关系的根基。我愿意为了我深爱的家人选择非暴力沟通，营造和谐的家庭氛围，为孩子的成长和将来的幸福提供好的环境。

第二节 ▎学会赞美

让一个人发生改变，最简单的方法是什么？那一定是赞美！如果改变伴侣有什么技巧的话，就是无条件接纳他，同时持续肯定他、赞美他。然而很多人对于赞美他人存在认知上的误区，他们会把赞美等同于谄媚、巴结、阿谀奉承、虚伪，认为自己不屑于这种行为。其实赞美和阿谀奉承是两码事，前者是真诚的，是基于事实基础之上，不违心、不夸张，甚至是没有任何目的和功利的；后者是虚伪的，有目的的，是夸大事实。能够看到对方的优点、长处、出色之处和闪光点，并能给予肯定、欣赏和赞美，是高情商的体现。

有人说，老赞美别人也挺消耗能量的，挺累的。是的，高情商的行为背后都是需要能量来支撑的，但是能量的传递其实是相互的。当你接受来自他人的鼓励和赞美后，你就会感觉到被关注，感受到热情和温暖，自信提升，内心自然而然会得到能量。我们想得到什么，就先付出什么，所以不要再吝啬你的赞美了。

还有些人觉得赞美伴侣，好像自己的心理位置就低了，内心很不舒服。很多夫妻矛盾都是因为相互拼命较着劲地证明自己才是那个对的人，自己才是那个最好的人。你有思考过吗？你到底在争抢什么？你是在争抢家庭关系的控制权、话语权？还是想得到伴侣的尊重和认可？还是想获得一种心理上的优越感？另外，当我们试图定义对方错了的时候，这样是很难令对方改变的，他会觉得被否定，自尊受损，导致对抗和攻击。

心理学家荣格说过：当爱支配一切时，权力就不存在了；当权力主宰一切时，爱就消失了。两者互为对方的影子。所以如果你想要一个相亲相爱的婚姻，那么请放弃和对方争论对错，争抢心理高位，让自己有一双能看到优点、发现美好的眼睛。试着赞美对方吧！

第三节 “婚姻木桶”：互相改造是梦想，互相迁就是现实

“木桶原理”，又叫短板理论，是由管理学家劳伦斯·彼得提出的。盛水的木桶是由许多块木板箍成的，盛水量也是由这些木板共同决定的。若其中一块木板很短，则盛水量就被短板所限制。这块短板就成了木桶盛水量的“限制因素”（或称“短板效应”）。若要使木桶盛水量增加，只有换掉短板或将短板加长才成。短板理论还有两个推论：其一，只有桶壁上的所有木板都足够高，那水桶才能盛满水。其二，只要这个水桶里有一块木板不够高度，水桶里的水就不可能是满的。这就是说构成组织的各个部分往往是优劣不齐的，而劣势部分往往决定整个组织的水平。

有的人把自己的婚姻看成这个木桶，每天盯着伴侣的缺点和短处百般挑剔。认为对方的存在拉低了自己的生活质量或者婚姻质量。他们通常比较自我，认为伴侣应该遵守与自己相同的价值标准与生活准则，甚至不能接受伴侣和自己不同的生活习惯，以及兴趣爱好上的差异等。他们还常常抱有一些刻板僵死的观念，用这些观念来约束伴侣。比如，男人就必须比女人赚钱多；男人必须让着女人；或者男人必须是一家之主；家务就应该由女人来承担等。他们总是试图改造伴侣，期望对方令自己更满意。

婚姻双方的合作其实是一种优势互补的过程，你还愿意维系婚姻，就说明对方的存在还是有价值的。即使婚姻真的如同一个木桶，伴侣身上有短板，也一定有长板，自己身上有长板，也一定有短板。不那么擅长赚钱的丈夫，可能性格温柔，耐心体贴，善于倾听和包容，总是能给妻子提供很高的情绪价值；事业上没有太大成就的妻子，可能承担了所有的家务，把孩子培养和教育得极其出色。因此由夫妻双方共同打造的这个婚姻的木桶，桶的最上部

肯定不是平面的，一定是长短间隔不一的。最终婚姻幸不幸福并不绝对取决于里面是否装满了水，而是取决于你看到半桶水的心态。再好的婚姻都是有瑕疵的，当你的关注点不再放在一定要装得更多更满，或者和别人家的木桶去比较谁家里的水装得更多更满，而是学会感恩与包容，温柔有光的坚定，以一种知足常乐的心态去呵护彼此共同努力创造的婚姻。

生活中从来不缺少美，缺少的是发现美的眼睛；婚姻中也不缺乏幸福，缺乏的是感受幸福的能力。

心理学家卡罗尔·德韦克在《终身成长》一书中提到，人的能力通过学习是可以改变的。遇到问题，我们需要关注的是解决问题的方法；所做之事失败了，我们需要关注的是从中学到的经验，继续努力；我们欣赏天赋，却更应该崇尚努力。

我们在婚姻中也需要保持这种成长型思维模式。这个世界从来没有永恒不变的事物。婚姻是两个人一生的合作，是不断解决问题的过程，重要的是我们是否愿意为爱坚守，不忘初心。更重要的是，我们要让自己具备面对问题的勇气和解决问题的能力。而这种能力从来就不是天生的。经营婚姻需要不间断地学习。成就一段良性长久的婚姻，需要两个人共同学习，共同努力，终身成长。

04

第四篇 呵护婚姻的逆商

逆商，它是扭转逆境的一种能力。婚姻中也有逆境，在本书中主要包括情感逆境、生理逆境、财务逆境和法律逆境，毫无疑问，这四种逆境也需要逆商来扭转。那么婚姻中的逆商具体指什么？它们又是如何帮助人们扭转婚姻逆境的？我们通过一些案例来做分析。

第十四章
婚姻逆境与逆商

第一节 ❙ 什么是婚姻逆境?

我们对逆境并不陌生，我们的生活总是在不断遭遇和克服无穷无尽的挫折和逆境中度过的。保罗·史托兹给逆境的定义是：你预测的或是亲身经历的对你所在意的人或事产生负面影响的事件。俗话说得好，生活就是一个不断遭遇难题和解决难题的过程。

婚姻逆境则是你预测的或是亲身经历的对配偶或婚姻关系产生负面影响的事件。每个人每天都会遇到大大小小的问题，这些问题如果不能及时解决，有可能会导致当事人被愤怒、内疚、恐惧等负面情绪主导，进而导致亲密关系紧张。我们来看看一位家有小学生的母亲 / 父亲在一个星期里可能遇到的逆境有多少，从最轻微的孩子吃早饭打翻了碗，勺子戳到了嘴疼得号啕大哭；刚要出门，孩子却说要上厕所然后就错过了学校班车；到比较严重的情况。比如，到达公司上班刚坐下不到 5 分钟，突然接到学校老师打来的电话说孩子生病发烧要接回家，或者老师通知你家孩子和同学打架了要去学校参加调解，或者孩子因为考试考砸了不敢回家去网吧打游戏，同时丈夫 / 妻子可能对你没有教育好孩子颇有微词，老板也时不时批评你总是请假影响工作，孩子也有可能埋怨老爸、老妈没有其他同学的父亲 / 母亲事业成功，公婆还有可能说你不够贤惠没有照顾好她儿子或丈母娘说女婿挣钱不够多、不够宠爱她女儿……这一幕幕，积少成多就会从糟心变得让人沮丧！如果一位母亲/父亲抗挫折能力不够强，可能会难以应付这样不可预测的各种困境。随着工作和生活中的挑战越来越多、压力越来越大，夫妻一方或双方不能处理好这些挑战时，夫妻一方就有可能向内攻击认为自己能力不行或者其他哪里做得不好而导致衰事一件接一件，也有可能向外攻击，而受到攻击的往往就是跟自己天天生活在一起的“亲密”伙伴，从而导致夫妻之间关系紧张，矛盾频发，最后不可收拾。

幸福的家庭都是相似的，不幸的家庭各有各的不幸。婚姻中所碰到的各种不幸未必是逆境，但这些不幸如果没有得到恰当的处理，就有可能演变成逆境。当然婚姻逆境因人而异，一个人的逆境在另一个人的眼中不一定是逆境。但是，不管逆境的种类有多少，高频率发生的婚姻逆境还是有规律可循的，我们在本书中主要归纳为四种：生理逆境、财务逆境、情感逆境、法律逆境。

在我们关于婚姻逆商小调研的第5题“你在婚姻中遭遇过哪些逆境”（多选题）上，100个受调查人员中，选择“情感逆境”的有76人，占比76%；选择“财务逆境”的有46人，占比46%；选择“生理逆境”的有34人，占比34%；选择“法律逆境”的有7人，占比7%。可见，“情感逆境”是婚姻逆境中的高频逆境。

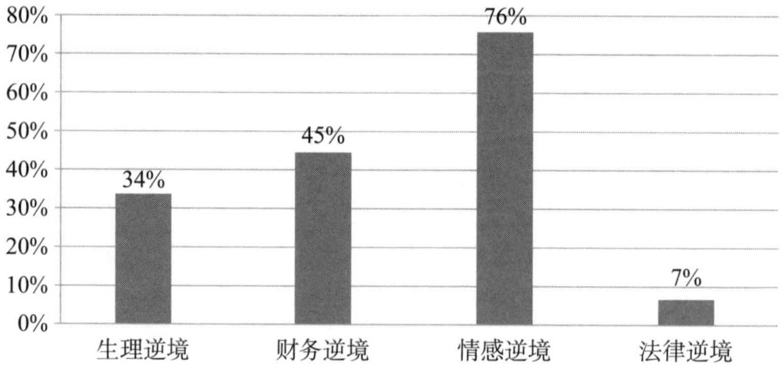

图 14–1 婚姻各类逆境占比

第二节 | 什么是逆商？

逆商又称为挫商，它是指人们面对逆境时的反应方式，即人们面对挫折、摆脱困境和超越困难的能力。保罗·史托兹于 1979 年第一次发表了关于逆商的研究成果。在 1997 年，距离史托兹提出逆商这一概念 18 年后，他的第一本书《逆商》的出版才让这个词开始进入普通大众的视野，逆商理论开始得到广泛的认可和应用。

逆商除了被看作面对逆境时的反应方式之外，还被看作基于认知心理学、心理神经免疫学和神经生理学三方面的研究而所产生的一种实用理论，这个理论致力于提高个人逆商以及组织逆商，从而开发个人和组织更大的潜能。

逆商还可以成为一种测试方法。在教育领域，世界上很多的知名大学在录取新生时都会在申请文书中寻找申请人的闪光点，其中逆商更是重中之重，比如你是如何克服重重困难达成自己的目标的。而越来越多的企业在招聘员工时，都会问一个问题：你曾经克服的最大困难是什么？你是怎么超越困难走到今天的？这些都相当于在考核申请人是不是高逆商候选人。

关于婚姻逆商，在我们所做的小调研中，邀请了 100 个人参加。下面是调研的相关结果。

在参加调研的 100 人中，87 人是女性；13 人是男性。

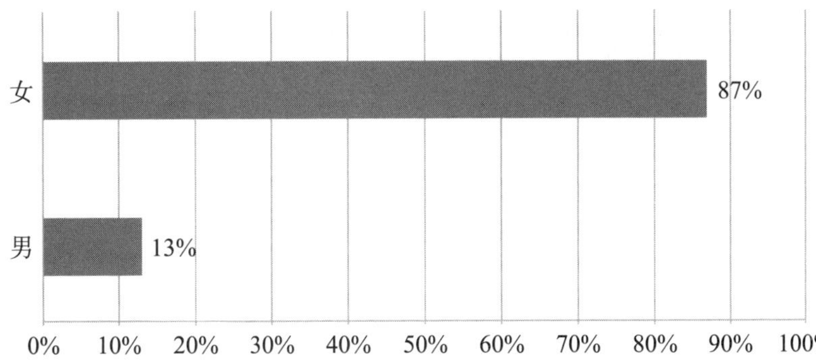

图 14–2　受调研人性别占比

参加调研的人以30岁到50岁为主，占比约80%。其中30—40岁的年龄群体占比最大，达到了44.23%；40—50岁的年龄群体则稍稍次之，但也达到了35.58%。而对于20—30岁的年轻群体而言，所占比例最小，只有1.92%。

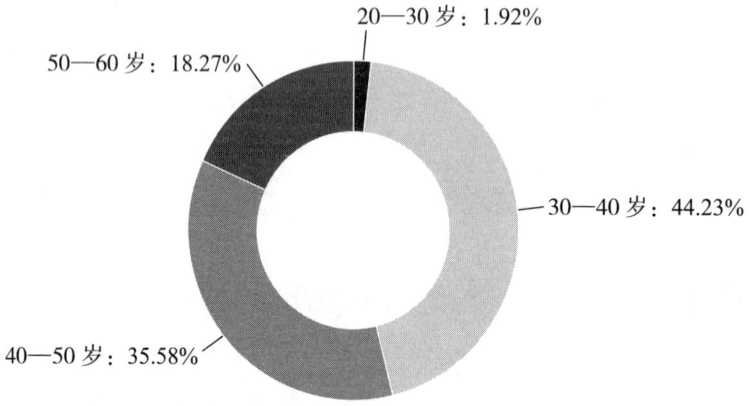

图14–3　被调研人年龄占比

参加调研的已婚人数为72人，占比72%，离异人数为24人，占比24%，其余的未婚。

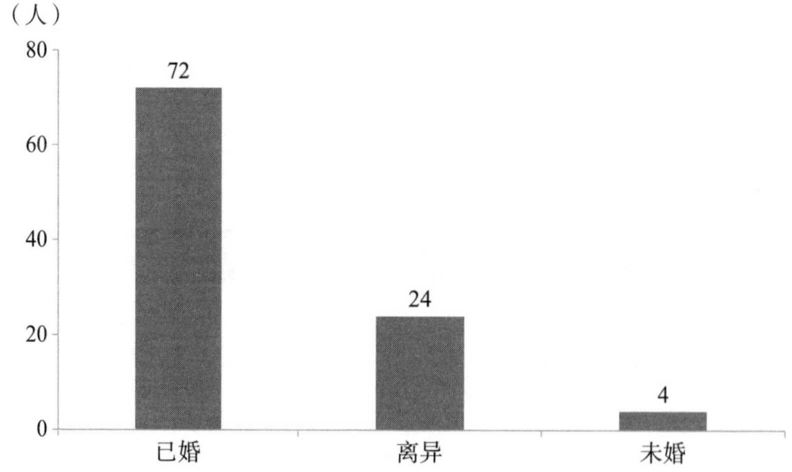

图14–4　被调研人婚姻情况占比

在所有参加调研的人当中，只有23%的人员“知道并理解”什么是逆商。

有 26 人表示“第一次听说”；有 51 人表示“听说过，但不是特别理解”。约一半的调查人士虽然听说过“逆商”这一概念，但对其并不了解，更不用说逆商在婚姻中的作用。简言之，占比近 80% 的被调查人士对于逆商不太了解甚至没有听说过，这足以显示出普及逆商以及运用逆商对于婚姻关系的重要性和必要性。

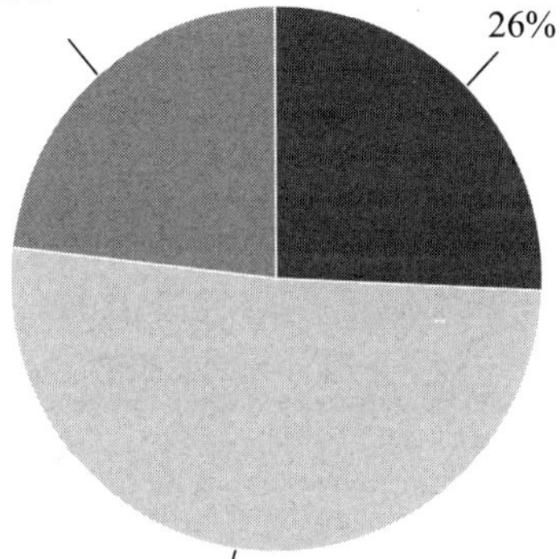

图 14–5　对逆商的认知

第三节 | 逆商的作用与获得逆商的路径

把成功之路比喻成爬山，智商和情商是基本配备，是你开始攀登的原始本领，而逆商是攀登过程中抵抗一切挫折、失望、气馁、绝望的强大力量。一个人没有智商和情商，寸步难行，但如果没有了逆商，结果要么在山脚下驻足不前，要么在半山坡上得过且过，不可能到达顶峰。古往今来，所有成功的人，几乎没有不曾遭遇过挫折的先例，最终让他们到达巅峰的是百折不挠的精神以及能够帮助他们做到百折不挠的方法和能力——逆商。唯有具备逆商才能在跌落谷底后绝地反弹。

逆商这个能力这么有用，那么这个能力是怎么来的呢？是先天就有的，还是后天学习获得的？对此，我们先看看下面这个心理学实验——习得性无助。

习得性无助理论解释了为什么很多人在面临人生的挑战时会选择放弃或中途退出。因此，这个理论是逆商最重要的部分。

在 1967 年，马丁·塞利格曼，积极心理学创始人之一，在宾夕法尼亚大学读研究生的时候进行了一项动物实验，实现了人类心理学领域的一项重大突破。塞利格曼博士观察了若干次电击狗的实验，他发现有些狗完全没有反应，只是躺下来，忍受痛苦，当时心理学领域还没有一种理论能够解释这种现象。为了解释为什么有些狗直接放弃，塞利格曼精巧地设计了一个两阶段的实验，第一阶段，A 组的狗被背带绑住并受到轻微电击，它们可以用鼻子去按控制杆，让电击停止，很快它们就学会这样做了。B 组的狗也是被同样的背带绑住并受到同样的轻微电击，但它们无法让电击停止。这些狗只能忍受痛苦。C 组是对照组。C 组也被同样的背带绑住，但没有受到电击。

第二天，塞利格曼进行实验的第二阶段。他将这些狗逐个放进一个叫作穿梭箱的装置里，这个箱子中间竖立着一块低矮的挡板，每只狗都被放到挡板的一侧并受到轻微电击，它们只需要跨越低矮的挡板，跳到另一侧就能停止受到电击，A 组的狗（可以控制电击）和 C 组的狗（没有受到电击），很快就明白了怎样跨越挡板，摆脱不适，但 B 组的狗（不能控制电击）则有不同的反应，它们躺下来呜咽哭泣，没有尝试逃脱。塞利格曼等人发现之所以 A 组的狗不放弃，那是因为它们有克服困难拯救自己的成功经验——它们的行动是有用的。为什么 C 组的狗也不放弃呢？因为它们从来没有不良的“无助”体验，它们的不放弃是基于动物生存的本能，即每个动物自带的抵抗挫折而得以生存的能力。而 B 组的狗因为已经学会了“无助”，这一行为几乎完全摧毁了它们采取任何行动的干劲，习得性无助就是将“做什么都没有用”这一想法内化，从而削弱了一个人的掌控感[①]。

人也同样学会了“习得性无助”，当一个人尝试做了一些事都以失败而告

① ［美］保罗·史托兹：《逆商：我们该如何应对坏事情》，中国人民大学出版社 2019 年版，第 56 页。

终时，他就会觉得自己无法解决问题，控制不了艰难局面，于是，他的精神支柱就会瓦解，斗志也随之丧失，直至最终放弃所有努力而陷入绝望。这就是大多数人遇到困难就容易放弃的主要原因。同理，一个人在不断地尝试克服困难并超越逆境的成功体验中，可以习得很强的抗挫力。

上面科学实验的结果告诉我们：逆商是由先天自带和后天习得共同组成的。先天自带的逆商是基于人的生存本能，而后天习得的逆商是一种愈挫愈勇的成功体验，它使我们具有永不放弃、坚持到底的信念，勇于承担责任、果断采取行动去克服一个个难关，一次次避免“习得性无助”状态的形成，最终形成越来越强大的抗挫折能力。

第四节 ▍婚姻逆商的四个要素

婚姻是爱情的结晶，拥有一段充满爱和幸福的婚姻是每一个人内心所向往的。在跌宕起伏而又漫长的婚姻旅程中，三年之痛、五年之离、七年之痒不是空穴来风。因为婚姻并非完全如你所愿，而是在每个阶段都有相应的酸甜苦辣，会遇到不同的逆境。生活中的各种变化带来各种问题，一成不变的生活也会冲淡你的激情。获得爱情不易，守护一段婚姻更难。

婚姻逆商就是婚姻双方如何面对和处理婚姻中的各种逆境、摆脱逆境、超越逆境、携手走出困境、升华爱情、共度一生的能力。

婚姻逆商的维度可以参考保罗·史托兹对逆商维度的区分。他把逆商分为 CORE 四个维度，即控制力（Control）、担当力（Ownership）、影响度（Reach）、持续性（Endurance）。

控制力，即我相信自己对困境是可以进行控制的，我有帮助自己走出困境的能力。

担当力，即我如何看待产生困境的原因和谁应该对此困境承担后果。

影响度，即我会将当下这个挫折的影响控制在一个什么样的范围内。比如，如何控制学习上遇到的巨大挫折，不去影响正常的工作和生活。

持续性，即我认为这个困境会持续多久，我有没有做好准备去应对这个可能持续相当长时间的困境。持续时间不仅仅是指人们主观上接受困境持续时间这个单一指标，更多的是指人们在这段持续时间里如何控制这个负面影响力、破坏力和负性压力的强度。

但我们认为这四个维度的分类方法值得商榷，如影响度和持续性是对逆境程度的描述，而不是一种能力。但是为了扭转逆境，我们又非常有必要把逆境的影响度和持续性识别出来并予以评估，我们因此要增加“识别力”和“判断力”作为两个逆商的重要维度。对此，我们在本书中把逆商分为如下四种能力，它们分别是：识别力、判断力、行动力与担当力。

一、识别力

识别力是指识别逆境的能力，主要包括识别生理逆境、财务逆境、情感逆境和法律逆境这 4 种逆境的能力。关于如何识别逆境这一问题，我们之后对情感逆境、财务逆境、生理逆境和法律逆境进行详述时会举例说明。不过，对各种逆境识别的要求和方法各不相同，很难用一个简单的方法进行概括，但总的来说，对逆境的识别要越早越好。另外，对逆境的识别要透过现象看本质。

二、判断力

婚姻逆境主要有 4 种，我们判断是哪一种逆境很容易，但是要判断一个逆境的原因、影响力、持续的时间长短、双方如何看待并如何应对这个逆境就不那么简单了。

评估婚姻逆境是一个质疑的过程，我们可以问自己 3 个问题。

第一个问题：有什么证据表明，当下的情况是我无法掌控的？

《活出生命的意义》的作者维克多·弗兰克尔曾经在奥斯维辛集中营度过了好几年，最终幸运地逃出。后来他写道，集中营的确是个非常容易令人绝望的地方。但是，即使在那样恶劣的环境中，人依然可以去发掘自己的掌控力。他观察到，那些失去希望，失去对自己掌控力的人，最终大部分都没能熬过来。而那些坚信自己最终能够活下来，发掘了自己的掌控力的人，最终活下来的比例远远高于前者。

因此，在回答第一个问题时，实际上是在暗示自己：我具有这样的掌控力，可以度过这一逆境。这样积极的心理暗示可以为之后克服逆境带来激励的效果。

第二个问题：有什么证据表明逆境一定会影响到我生活中的其他方面？

也许，当人们被逆境打了个措手不及的时候，第一时间会认为这个逆境是个会把一切搞砸的灾难。但是，当你真正去做理性分析之后，就会发现你往往会高估逆境对生活其他方面的影响力。其实这个逆境，并没有你想象的那么可怕。

第三个问题：有什么证据表明逆境必然会持续过长的时间？

证明逆境可能会持续很容易，但是要证明逆境一定会持续，而且不会有丝毫好转却很难。

在回答完上述3个问题之后，我们可以在潜意识中暗示自己：这个逆境我可以掌控，这个逆境并非那么可怕，这个逆境不一定会持续下去……这个过程，就是体现我们逆商中判断力的过程。

我们还可以把上面所说的判断力分解为以下三个维度：空间、时间、影响。

表 14–1 判断力的 3 个维度

维度	具体内容	情感逆境	生理逆境	财务逆境	法律逆境
空间	逆境是否会延伸到工作领域				
	逆境是否会影响到大家庭				
	逆境是否会延伸到社会领域				
时间	原因持续时间				
	逆境持续时间				
	心理承受时间				
影响	对健康的影响				
	对财力的影响				
	对声誉的影响				

三、行动力

美国社会心理学家费斯汀格（Leon Festinger）有一个著名的法则，即费斯汀格法则：生活中的10%是由发生在你身上的事情组成，而另外的90%则是由你对发生的事情如何反应所决定。这一法则告诉我们的就是逆商中行动力的重要性。

其实人们对逆境并不陌生，随着世界的巨变，我们的生活也会随时遭遇各种不同的无法预料的大大小小的挫折和逆境。生活就是一个不断发现难题和解决难题的过程。我们工作中和生活中的挑战越来越多、越来越大，这就要求每个人都要拥有一定的抗压能力和解决问题的能力。根据费斯汀格法则，换个说法，生活中10%的事情是我们无法掌控的，而另外的90%是我们能够掌控自己如何看待（一念之差）和应对（是否开始行动）的。

一旦遭遇婚姻逆境，小到如何不带情绪地表达自己的感受和需求，大到如何处理自己失手打了伴侣，或出轨之后如何重新获得对方的信任，我们在行动力项下的第一个建议是：捡起爱的初心。

1. 捡起爱的初心

一位来访者说：婚姻失去了爱，那就什么都不存在了，你做的任何事再好，说的任何话再柔声细语听着都不舒服，对方都要挑刺甚至发火。

在实际生活中，鲜有结婚一年之内爱已不复存在的情况。所以，回忆曾经美好的爱情和拥有的美好时光，这些不仅是我们走入婚姻的基础，也是作为我们曾经拥有的成功经验来增强对婚姻关系的掌控感。认认真真对待生活中的每一个小逆境，不但促进了自我成长，提高了自己的逆商，同时还会增加夫妻间的交流，加深感情。而随着对婚姻小逆境的不断克服，不但会减少各种婚姻逆境的出现，而且会在未来婚姻大逆境出现之时，运用我们习得的行动力自然而然地化解。

2. 停止灾难化的逆境，打破习得性无助

如何看待逆境决定了应对逆境的方法。当你把逆境灾难化时，是一种消极应对，你越想越糟糕，越会觉得不良后果必然出现，进而出现焦虑、抑郁等负面情绪。纠正这种情况有具体的方法，如运动，转移注意力做自己喜欢做的事情，帮助别人等。

当逆境发生时，我们要及时识别判断潜意识中的自动反应是消极的还是积极的。如果脑中出现的是这些消极念头，如“我很失败”“我做不到”“我不行”“我很笨”“我很倒霉”等，那么我们需要及时觉察，并调整到积极反应模式，鼓励自己大声说出：“肯定有办法的，我会尽一切努力解决这个问题”“这个只是一个暂时的状况”。

有的人更倾向于把逆境归咎于自己的错，如我不够聪明。所以，一旦产生“我不够聪明”这样的思维定式，那么就形成了“习得性无助”的消极应对模式，遇到任何困难，都会产生无助感。这也是抑郁症患者越来越多的原因之一。我们应把失败归咎于动态的因素，如我不够努力。只要努力就可以克服逆境获得成功，这样就是给自己赋能，给自己克服逆境创造了空间。

所以，要反复实践，打破“习得性无助”所造成的无助无望感，遇到逆境要不断觉察自己的反应模式，建立掌控感，调整到积极的应对状态。

3. 做好情绪管理，必要时求助心理咨询

逆转困境，尤其是情感困境不是一个人的事情，因此做好双方沟通，可以有效防止因沟通不畅造成的沟通无效或者冲突。冲突频率越来越高，亲密关系就会越来越疏远，因此如何做好亲密关系中最常见的情绪管理成为大多数家庭的一道难题。越来越多的人开始知道负面情绪并不可怕，可怕的是失控情绪产生的失控行为，如家暴、语言暴力（暴怒吼叫、诅咒辱骂、贬低鄙视、指责厌恶等）。那么如此可怕的失控行为背后的原因是什么？如何避免失控再次发生？这绝大多数是由于父母相处方式、被抚养方式或者已经发生的其他创伤所导致的。

不少人都知道著名的冰山理论，即人的 95% 的情绪和行为都是被潜意识控制的。而创伤就是深埋于冰山之下、当事人不自知的潜意识，但又时时刻刻在影响着一个人生活的方方面面，而且还波及其所有的家庭成员。创伤者如果不被疗愈，对自己伴侣造成二次创伤是不可避免的，因为普通人没有专业的心理学知识，无法理解、消化配偶在日常生活中捉摸不定的各种负面情绪及攻击行为。我们常常听来访者说家里有一个行走的“炸药包”，所以在家里如履薄冰的她无法预知这个“炸药包”在何地、何时，以何种强度爆炸，而这样的暴怒甚至狂躁行为将长期如影随形。所以，婚姻关系中的重大创伤者如果想要维持婚姻关系，最好求助资深心理咨询师来处理过往的创伤。

总之，夫妻双方应当通过有效的情绪管理，创建有效沟通。创建的过程中反反复复重新出现的相处模式、沟通方式、身体反应或者情绪被唤起等各种新情况的发生是不可避免的，这也是创建情绪管理的必经过程。如何不忘初心，双方坦诚相见、相互鼓励、相互支持、携手共建、迎接挑战，离不开专业心理咨询下的情绪管理。

四、担当力

担当力是指勇于承担引领和创建亲密关系或者决定亲密关系走向的责任和行动。在困境面前，我们不要过分自责，因为过分自责或者推卸责任都不能增加我们的掌控感。一个奇妙的事情在于，在我们决定对结果负责的那一刻，我们对事件的掌控感马上就会增强，并促使我们采取行动。对结果负责的行动本身会增加我们的掌控感。所以，行动也可以说是走出逆境最重要的一步。

对于担当力的思考，可以分为以下几个部分：

1. 确定自己的目标：重新创建婚姻关系还是离婚

婚姻双方往往是带着很高但不同的心理期待步入婚姻殿堂的，但是随着时间的推移，双方的心理需求都发生了变化，这就要求双方用心来感知并求证对方的变化以及努力满足对方合理的新需求，以保证双方建立更多新的连接，从而给婚姻注入新的元素和新的生机。随着离婚率的增加，越来越多的人开始意识到婚姻原来是人生旅途中最难攻克的难题。

其实，呵护一段婚姻关系是非常艰难的，需要双方不断地努力。婚姻逆境发生，无法解决的后果有两种：一种是婚姻双方共同学习，自我觉察，找到解决冲突的方法重新塑造幸福的亲密关系；另一种就是离婚。

婚姻就像一部机器，出现故障在所难免，离不开日常的调试和维护，婚姻中的逆境不可避免，再幸福的夫妻也会有争吵和矛盾，但夫妻可以共同承担其日常维护的责任。如何经营一段幸福和谐的婚姻是一个永恒的问题，也是一个需要夫妻双方终生面对的问题。

2. 呵护原有婚姻或者创建新的良性婚姻

婚姻事关“我们”。一旦双方确定不离婚，就需要双方开始学习如何重新创建婚姻关系。双方评估自己的情商和逆商，根据提供的方法，一个一个、每年每月去践行，尽管创建信任，建立一份新的亲密关系需要很长的时间，但我们的决心越大，所需时间越短。当然如果可以求助专业人士，如婚姻家庭治疗师，这样重建亲密关系的时间更短。

除创建新的良性婚姻外，我们最基本的选择当然是呵护现有的婚姻。在漫长的婚姻里，随着工作环境和社会文化的变化，人的需求也处在不断的变化之中，在婚姻关系里最关键的就是心理需求的变化。那么如何满足一个人不断变化的无形的心理需求呢？那就是我们需要不断学习、不断觉察，唯有如此，才能呵护一个动态平衡的婚姻关系，从而促进良性婚姻的形成。

一旦我们明确了共同的目标——呵护原有婚姻或创建新的良性婚姻，那我们就有了方向，进而产生内驱力。

3. 给自己和孩子一个好的离婚

有的情况下，离婚就是婚姻逆商高的体现。比如，面对家暴，果断选择离婚。而有的离婚就是婚姻逆商低的表现，最极端的例子就是因为爱情“闪婚”，最后因为细小的生活习惯，如挤牙膏的方式、是否盖马桶盖这样的小事而“闪离”，这样的离婚很可能是当事人选择了最简单粗暴的解决婚姻困境的方法。而当一个人遇到婚姻逆境便马上放弃的时候，意味着他在下一次婚姻遇到挫折或许还是一样会放弃。轻率离婚是对自己、对孩子、对社会的不负责任。

和轻率离婚相对应的是“好的离婚”，什么是“好的离婚”呢？

萨提亚家庭治疗倡导者约翰·贝曼是这样表述的：我们可以通过很多不同的方式改善家庭模式，但有时行不通的话这些人就会放弃，最后导致离婚。大多数时候人们之所以会离婚就是因为他们无法接纳并处理夫妻间的差异性。如果你们没有达成一个好的婚姻，至少要有一个好的离婚。

所谓“好的离婚”是指这个离婚最起码对孩子有一个正向的影响。很多时候父母离婚，孩子们则认为他们应该受指责，是他们的错，如他们认为是因为自己学习成绩不好，所以爸爸妈妈经常在如何帮助他提高学习成绩上观点不一致而激烈争吵导致了离婚。或者这个孩子处在被父母的拉扯之中，特别是父母中的一方会当着孩子的面抱怨、指责、贬低另外一方。如果有人想要离婚，我们会帮助他们至少在离婚之后也要保持一个良好的状态，或许这两个人本身不愿意这样做，但是为了孩子必须这样做。

弗吉尼亚·萨提亚表示，他见过许多完整家庭的孩子出现成长问题，也见过许多离异家庭的孩子健康成长，任何形式的家庭，家庭成员之间的关系比家庭结构更重要！也就是说，不管你的家庭是单亲还是双亲，家庭成员之间的关系更重要。即使是双亲家庭，如果家庭成员之间关系极其不和谐、不幸福，甚至战火硝烟不断，那么可以断言孩子的身心不可能健康，因为这个家庭"生病"了，而这个"生病"的家庭所带来无形的痛往往都是由家庭中某一个孩子来承受的。

不管年龄大小，所有孩子都是父母亲的观察者，年纪较小的大都眼睛离不开父母；年龄较大的孩子，似乎不在看父母，但是双亲的一举一动，孩子们都能感受得到。很多时候，当母亲流泪时，即使背对着孩子，孩子仍不知不觉地眼角也挂着泪珠。由于孩子与母亲关系密切，每当父亲批评母亲的时候，也是他们最有反应的时候。父亲数落母亲的每一句话，都会让孩子愤愤不平。

所以，"好的离婚"要保证对孩子有一个正向的引导，包括尽量减少夫妻离婚的方式对孩子造成的负面影响，以及离婚之后的父母之间和谐积极的朋友关系。我们建议单亲家长一定要学一些心理学知识，这样才能够保障孩子的身心健康，让孩子的成长道路更加顺利。特别是因为抚养孩子的一方而导致的离婚给孩子带来的伤害是巨大的，这会让孩子感受到自己内在的一半成为父母一方所控诉的那个负面部分，从而产生自卑感。

综上，面对婚姻逆境时，无论是维护婚姻、离婚，还是离婚后建立新的婚姻关系，都离不开情商和逆商中的担当力。维系婚姻需要学习观察对方的心理预期的动态变化，离婚需要做到"好的离婚"以减少对自己和孩子的负面影响，离婚后创建新的婚姻关系也同样需要评估自己的情商和逆商，按照专业方式重塑亲密关系，这些都是有担当力的体现。

第十五章
自我成长扭转情感逆境

第一节 | 什么是情感逆境?

在探讨情感逆境之前，我们首先要考虑一个问题：什么是情感逆境？我们认为，情感逆境是你预测的或是亲身经历的对婚姻关系产生负面影响的事件，也就是说，凡是对家庭成员和环境产生负面影响的事件都有可能导致夫妻感情失和而被纳入“情感逆境”中。当然，理论上我们应当把对家庭成员和环境产生负面影响的事件就其所产生的负面影响按严重程度进行划分，如区分“小打小闹”和“不共戴天”，但实际上这种区分有难度，因为依据夫妻一方或双方的心理承受能力不同，对“情感逆境”事件的感受程度也不一样，对张某的“小打小闹”，可能构成对李某的“不共戴天”。因此我们在本书中，仅把“情感逆境”事件进行列举，而不按性质进行区分。

关于情感逆境种类的调研是个多选题，选项有：a. 双方事业发展或经济收入有差距；b. 双方自我成长或情绪管理有差距；c. 双方大家庭存在不和；d. 存在家暴（如身体暴力、语言暴力、冷暴力等）；e. 出现或存在外遇出轨；f. 其他（可简单描述）。有的家庭可能具有上述所有情况。但不管怎样，情感逆境最直接的表象就是“感情不和”，因为“感情不和”导致婚姻解体的情况令人触目惊心。对此，下面的数据可见一斑！

2020 年由于受新冠肺炎疫情影响，当年的离婚数据未必能正确反映实际情况。另外，2021 年 1 月 1 日开始执行“离婚冷静期”，因此，此后的离婚率也不一定能完全反映离婚的真实状态。所以，我们在这里选择的离婚数据是 2015 年到 2019 年的数据。民政部的统计公报显示：2019 年全国的婚姻登记机构和场所共计 5594 个，其中婚姻登记机构 1068 个，全年依法办理结婚登记 927.3 万对，比 2018 年下降 8.5%。其中，涉外及华侨、港澳台居民登记结婚 4.9 万对，结婚率为 6.6‰，比 2018 年降低了 0.7 个千分点。依法办理离婚手续 470.1 万对，比 2018 年增加了 5.4%，其中民政部门登记离婚 404.7 万对，法院判决调解离婚 65.3 万对，离婚率为 3.4‰，比 2018 年增加了 0.2 个千分点[①]。从 2015 年到 2019 年，结婚率在逐年下降，而离婚率在逐年上升。

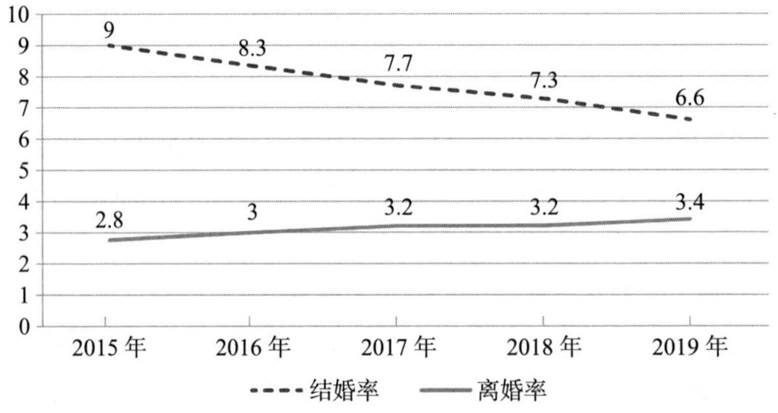

图 15-1　2015—2019 年结婚率和离婚率（%）

根据上述统计数字，仅 2019 年全国就有 470.1 万对夫妻离婚。因为到民政局登记离婚的唯一理由就是感情不和，这就意味着，仅在 2019 年就有 470.1 万对夫妻因为各种各样的原因而遭遇了“情感逆境”，走到了家庭解体的结局。

---

① 参见：《2019 年中国社会服务发展基本情况分析》，载产业信息网，https://www.chyxx.com/industry/202011/910371.html，最后访问日期为 2022 年 4 月 6 日。

第二节 ❙ 情感逆境会造成哪些伤害?

情感逆境会给哪些人带来伤害?情感逆境所伤害的首先是夫妻一方或双方。婚姻关系是亲密关系里最重要的关系,也是最难、最复杂的关系。从甜蜜的爱情走进幸福的婚姻殿堂这一神奇的历程,带给我们无法预测的各种情感纠葛,有的夫妻在短短几个月内就已经被对方“折磨”得抓狂,似乎唯有离婚才能解脱;也有曾经的恩爱伴侣在诉讼离婚的法庭之上大打出手、不顾孩子,视对方为“敌人”……这些情感逆境无论是对夫妻双方,还是对孩子而言,都有难以治愈的伤害。

情感逆境给家庭成员尤其是孩子带来伤害。如果离婚双方没有为了孩子协商争取一个和平离婚,那么这个孩子就会成为有创伤体验的孩子,他们的成长之路将更加具有挑战。

笔者相信大家都听说过前段时间发生的“夫妻离婚吵架,法官抱起孩子”的社会新闻。河南省濮阳市中级人民法院民一庭张法官主持调解了一起涉及亲子关系的离婚案件,而就在当天,一方当事人带着不满 3 岁的孩子参加调解,自来到法院门口情绪就十分激动,言辞激烈。身旁的孩子眼神无措,十分无助。张法官见状,一把抱起了孩子,搂在怀里,轻声安抚。孩子逐渐熟悉了张法官的怀抱,把头放在了张法官的肩头,搂紧了张法官的脖子。为了让调解顺利进行,张法官一直抱着孩子,再也没放下,孩子也在张法官的肩头缓缓入睡。历经 2 个多小时,这起案件最终以调解结案。①

这条新闻播出后,无数人在感叹法官的温情和温度的同时,也在感慨情感逆境下的夫妻关系给孩子带来的心理创伤,不和谐的夫妻关系影响的不仅仅是丈夫和妻子,更有身边的亲人,最直接的影响对象就是孩子。

当然,并不是所有离异家庭长大的孩子都会出现性格或心理不正常,都会不幸福。但离婚中有很多因素会给孩子的心理或性格造成影响,尤其是以

① 参见:《夫妻离婚吵架,法官默默抱起孩子哄睡!》,载中国长安网,http://www.chinapeace.gov.cn/chinapeace/c100007/2021-11/13/content_12559467.shtml,最后访问日期为 2022 年 3 月 16 日。

下 3 个方面：

- 父爱或母爱的长期缺失，父母其中一方长期不在家或者离婚后其中一方放弃抚养孩子，也不尽陪伴成长的义务；
- 父母离婚后物质条件跟从前相比差距太大，孩子切身感受到离婚对自己生活及成长环境的影响；
- 孩子从小目睹了父母之间的所有冲突，对冲突的恐惧和对关系的敏感。

婚姻冲突对儿童心理发展影响最大。目睹了父母之间言语或身体的冲突场面，孩子很早就对他人的情绪高度敏感，尤其是愤怒或消极的情绪。当这样的冲突或情绪成为家庭氛围的常态时，孩子的情绪就更加敏感。

当儿童的情绪调节能力还在发展，还需要成年人帮助的时候，父母的情绪失控对孩子来说是相当恐怖的经历。父母不能提供很好的榜样，孩子的情绪控制就无法很好地发展。

即使父母不在孩子面前发生冲突，随着夫妻感情浓度的下降，家庭关系的氛围以及父母和孩子在一起的状态也会变得不好。这样的转变同样也会间接地让孩子的情绪和心理受到影响。

第三节 | 造成情感逆境的原因

不幸的家庭各有各的不幸，不同的婚姻有不同的情感逆境，同样的婚姻在不同的阶段也有着不同的情感逆境，所以要归纳情感逆境的原因相对来说有难度，但我们还是试图归纳了一些比较常见的原因。

一、双方事业发展或经济收入的差距拉大

双方事业发展或经济收入差距拉大有很多原因，也有很多不同的场景，不是所有的原因或者场景都能够导致婚姻逆境，但有一个原因或场景是婚姻逆境中常见的——妻子在婚后成为家庭主妇，与社会脱节，像电视剧《我的前半生》中的罗子君那样，一开始多么幸福美满，到最后却被弄得伤痕累累。

造成双方事业发展不均衡或经济收入差距大，除了家庭主妇之外，还有

其他原因，最突出的一种情况是，妻子选择放弃一部分事业集中精力抚养孩子，或者像前面说的那样辞去工作成为全职妈妈，当然现在也有越来越多的爸爸会选择在家当全职爸爸，这样的家庭结构和安排会导致婚姻双方在事业发展和直接经济收入上的差距明显加大，一直在职场打拼的一方或者通过其他方式获取大量收入的（如投资、开公司）一方就开始产生优越感，嫌弃赚钱少的那一方，或者在家留守的全职妈妈或全职爸爸，渐渐造成两人情感上的疏离直至婚姻破裂。当然，即使夫妻双方都在全职工作，工资还是有高有低，只要工资高的一方产生了优越感，在日常生活中表现出对另一方的不尊重或者嫌弃，那么这一收入差异最终还是会影响感情，即所谓的“共患难容易而共富贵难”。一日发迹，便觉得陪伴自己艰苦奋斗的枕边人已经衰老，配不上自己如今的身份地位，而选择出轨或者离婚。

由于收入差异带来感情不和的原因，除了缺少法商之外，还有就是很多人对金钱作用的错误认识：金钱代表权力。而在婚姻家庭中，钱是不可或缺的，但是金钱的终极作用是作为工具给家庭带来幸福，增加舒适感和愉悦感。如果把金钱当成权力，当成一种胁迫家庭成员满足“攻击性”心理需求的无形工具，那么，金钱就失去了它原本的意义。决定幸福婚姻的基础是爱，爱是一种无法用法律来规范的内容，爱的力量是一种情感满足和情感价值。

当然，不是所有的婚姻双方因为事业或收入差距加大就会分道扬镳，但它是存在于很多夫妻感情生活中的潜在隐患。

二、一方或双方的情商、逆商不高或较低，小矛盾酿成大纠纷

一方或双方的情商、逆商不高或较低，小矛盾酿成大纠纷，这在我们身边似乎很常见。这里提供一个例子来引入这个话题，虽然这个例子不是发生在婚姻存续期间的夫妻身上，而是两个还没有结婚的恋人身上，但也能够很好地说明低情商对感情的影响。

王某曾经交过一个女朋友，女方甜美清秀，非常可爱，王某打算交往一段时间就把关系定下来。但 1 个月后，王某跟我们宣布他俩彻底分手了。

女孩过生日时，王某订了一束 11 朵的花，代表一心一意。女孩收到花后，不高兴地说："我前任送我的花都是 99 朵的。"

有一次，两人散步时看见一群人在打篮球，女孩问他："你会打篮球吗？"

王某坦白回答几乎不会，女孩非常得意地告诉他，她前任篮球打得特别好，顺便又说了很多前任的优点，完全无视王某无奈的表情。

还有一次，两人去看电影，女孩问了王某一个问题，王某答不上来，女孩皱着眉头说："你太笨，我前任一下子就答出来了。"

王某忍无可忍地说："那我是不是得像你前任一样对待感情三心二意，你才觉得我跟他一样好？"

女孩撅着嘴说："他从来不会用这种语气跟我说话的。"

于是，他们毫无悬念地分手了。

因为情商、逆商不高或较低而产生纠纷的原因还有很多。比如，夫妻双方来自不同的原生家庭，且各方的父母有不同的抚养方式，造成了两个人的性格、情商、逆商都有不同程度的差异。

很多人存在一个关于情商和逆商的误区：在工作或事业上情商和逆商高的人在婚姻中的情商和逆商就一定高。事实上未必如此！婚姻关系包括我、你、我和你的关系这三个部分，而很多人的"我"可以做得很好，如在外面情商很高，高朋满座、谈笑风生，或者逆商很高，在事业上百折不挠、越挫越勇。但是一旦走入家庭，面对"我和你的关系"时就一筹莫展，这在很多事业型男性身上表现得尤为突出。"不管是积极情绪还是消极情绪，女性的情绪体验一般要比男性强烈得多。戈尔曼·丹尼尔在《情商》一书中写道：除去性别差异，情绪关注度越高的人，即使是很小的事情也会引发情感风暴，当然结果有好有坏。"正因为男性情绪体验相对少，所以他们在亲密关系冲突处理中会采取回避等方法，从而让感情疏远直至离婚。

三、一方或双方存在外遇

外遇是指有婚姻关系的其中一人，与配偶以外的人发生超出友谊的关系，也称作婚外情、出轨。外遇的定义依不同研究领域有些许不同，在社会学辞典中，外遇即有发生性交（通奸）行为，属于婚外性行为之一种；若仅有"思想或行为上的不贞”而无实际的性接触，可称为精神外遇。法律上，性关系被视为外遇的必要因素，此性关系是指已婚者与非配偶发生自愿性的性行为。

外遇是造成情感逆境，进而导致婚姻破裂的一个重要原因。虽然外遇造成了情感逆境，甚至婚姻破裂，但也有人认为，出轨不是同居，不能以出轨为理由要求离婚。2022 年 1 月 2 日，某法院微信公众号发布题为《不能仅以“出轨”为理由，请求离婚》的文章，一时引起热议，但很快此文又被删了。关于“与他人同居”，2020 年 12 月 29 日《最高人民法院关于适用〈中华人民共和国民法典〉婚姻家庭编的解释（一）》明确规定：“与他人同居”的情形，是指有配偶者与婚外异性，不以夫妻名义，持续、稳定地共同居住。对此，宾馆开房的证据，就不属于“同居”，因为宾馆是临时性场所，不属于共同居住。拍到配偶与他人牵手逛街，这个也不能证明是“同居”。拍到配偶与他人在外租房照片，但是不能是一次、两次，必须是长期居住的证据，不然也不属于“同居”。但是，即使根据最高人民法院的司法解释得出“出轨不是同居”的结论，但似乎也不能得出一个结论，即“不能以出轨为理由要求离婚”。

事实上，我国《民法典》判定应当准予离婚的唯一标准是“感情确已破裂，调解无效”[①] 情形的，应当准予离婚，而一方存在“出轨”确实是法院认定“感情确已破裂”的情况之一。另外，即使法院没有仅根据一方“出轨”作出离婚判决，但根据一方出轨而提起离婚诉讼也是有重要意义的。因为，在法院未判决离婚后，若夫妻双方保持分居满一年的，只要一方提起离婚诉讼，哪怕理由和一年前一模一样，法院也会认为此情形属于“感情确已破裂”，从而作出离婚判决[②]。也就是说，如果夫妻一方存在“出轨”，另一方想要离婚的，不仅有权利提起离婚诉讼，提起离婚诉讼甚至还是一个有必要的操作——有可能成功离婚，即使没成功也可以分居一年后直接成功离婚。

之前已经提到了，“感情确已破裂，调解无效”是法院对于离婚的判断标

① 《民法典》第 1079 条第 2 款规定：“人民法院审理离婚案件，应当进行调解；如果感情确已破裂，调解无效的，应当准予离婚。”

② 《民法典》第 1079 条第 5 款规定：“经人民法院判决不准离婚后，双方又分居满一年，一方再次提起离婚诉讼的，应当准予离婚。”

准，这个标准确实有些抽象，因此法律也明确了四种“直接判离情形”：

- 重婚或者与他人同居；
- 实施家庭暴力或者虐待、遗弃家庭成员；
- 有赌博、吸毒等恶习屡教不改；
- 因感情不和分居满二年。

四、一方存在家暴行为，包括身体暴力、语言暴力、冷暴力

家暴，又指家庭暴力，是指行为人以殴打、捆绑、残害、强行限制人身自由或者其他手段，给其家庭成员的身体、精神等方面造成一定伤害后果的行为。持续性、经常性的家庭暴力，构成虐待。

家庭暴力有偶发性家暴，也有经常性家暴。家暴包含情绪控制问题、心理问题，甚至财务困境。有家暴倾向的人，往往性格中都有这 3 个隐形的缺陷：第一，控制情绪的能力，这一点最为关键。有家暴倾向的人往往难以控制自己的情绪，家暴后有九成的人会后悔，觉得自己不应该动手，但当时无法控制自己，继而选择了动手，这也印证了家暴者在控制情绪能力上的缺失。第二，喜欢酗酒，或者有其他的不良嗜好。引起家暴的第二种比较明显的特质就是有一些恶习，如说酗酒、赌博等不良嗜好。第三，原生家庭的情况。还有一种家暴的倾向性格来源于从小的原生家庭，如他的父亲有家暴的历史，在其小时候就经常对其母亲家暴，那么他将来继续用暴力解决问题的概率将会变大。因此，有的家暴方可以通过心理辅导予以纠正，但如果确实构成了犯罪，那应当依法惩戒。

与家暴这一社会题材相联系的电视剧《不要和陌生人说话》，是 21 世纪初期反映和揭露“家庭暴力”这个专题的电视剧。该剧不仅揭示了从家暴演变为变态杀人犯的医生安嘉和的心路历程，同时更为重要的是关注并分析了女主人公梅湘南因为爱和传统的“尊严”而隐瞒了过去，因此受到猜疑而遭受家暴，想忍耐、维系婚姻反而遭到更为恐怖的暴力，最后从逃避走向反抗，走向为维护自己的正当权益和真正尊严的斗争道路。

无论是电视剧还是现实，都揭示出家庭暴力是带来夫妻情感逆境的主要原因之一，严重的甚至会让夫妻一方走上违法犯罪道路。

情感逆境主要表现为 5 个方面：

- 双方事业发展或经济收入有差距；
- 双方自我成长或情绪管理有差距；
- 双方大家庭存在不和；
- 存在家暴；（如身体暴力、语言暴力、冷暴力等）
- 出现或存在外遇出轨。

一提到“婚姻逆境”，有的人立刻觉得只有如家人身患绝症的生理逆境或者犯罪入狱等法律逆境这类重大困境才够资格称为逆境，而绝大多数的情感逆境不过是日常生活中夫妻因为观点不同而争吵，有点负面情绪，有一些不开心，那都是情商的事，不需要逆商来解决，其实不然。

如果没有具备解决每一个“小逆境”的能力，那么如何具有克服“大逆境”的能力呢？未被解决的小逆境，终将因为量变而引起质变，等待我们的就是“大逆境”，而一直无法克服日常小逆境很可能让你形成“习得性无助”的状态，一旦“大逆境”降临，我们将不堪一击。面对情感逆境时，我们认为自我成长是扭转情感逆境的最佳方式。

第十六章 相濡以沫扭转财务逆境

第一节 | 什么是财务逆境?

俗话说“共患难容易，共富贵难”，许多婚姻在刚开始的阶段虽然经历艰苦创业或经济困难，但夫妻两人幸福美满。一旦经济条件变好，夫妻反而争执变多，感情开始变淡，甚至破裂。当然，财务困难既可能在某一特定时间加固婚姻关系，也可能使婚姻破裂，比如原本正常运营的家庭突然遭遇下列情况:

- 一方或双方都失去了工作
- 一方或双方创业失败
- 一方或双方投资理财失败
- 一方（或双方）父母因疾病事故等需要小家庭扶助

这样的突发状况会造成一个人的家庭生活质量突然下降，双方都会不自觉地处于非常无助的心理状态。在财务逆境中，特别是关于投资和创业失败的案例中，曾质疑创业或投资的一方如果不能很好地评估当下情势、管理自己的情绪，就很有可能会埋怨、各种攻击对方，甚至实施家暴，导致冲突不断升级，直至最后婚姻关系破裂。

下面这个真实的案例说明了财务逆境是如何造成婚姻逆境的。一对 40 岁的夫妇有一个 10 岁的孩子，夫妻双方相亲相爱，家庭经济条件也不错。但是由于在丈母娘眼中女婿的挣钱能力不够，在日常交往中屡屡提起，导致这位女婿内心充满自卑感。于是他自己悄悄地投资，但是投资失败造成了近 200 多万元的亏损。当丈夫最后实在无法偿还债务时，才告诉妻子。妻子又气又急狠狠地打了男方好几个耳光，男方也因此越来越自卑……

笔者还曾见过这样一对夫妻，丈夫今年 45 岁，妻子 25 岁，两个人在一起已经 5 年了，许多人看到这种年龄相差大的夫妻，一定会以为女方是图男方有钱。然而，以前男方的确有钱，但由于经营不善导致破产，亲人、朋友、生意伙伴一个个离他而去，唯有这位比自己小 20 岁的妻子依然陪伴着他。妻子直言，她一点都不觉得后悔，她坚持认为有一个足够宠自己的人才是幸福。

在刚破产的那段时间里，夫妻俩只能租在 6 楼没有暖气和空调的房子里，唯一一辆用来代步的汽车是贷款买的。早上 8 点钟丈夫就出门工作，晚上才回家，每天工作十几个小时，他之所以这么努力，是想让妻子能够拥有更好的生活。丈夫有时间了还会帮妻子洗头、梳头、吹头发。每一件事情做起来都是那么心甘情愿，而妻子也一直享受着丈夫对自己的体贴和疼爱，庆幸自己嫁对了人。

这位丈夫最后从破产的困境中走了出来，最后再次成功创业，让自己和家庭度过了财务逆境。这位丈夫之所以能在创业中走出困境，肯定有很多原因，而高逆商也是最主要的原因。

第二节 ❙ 扭转财务逆境案例学习

家庭遭遇财务逆境的典型案例莫过于曾经的“烟草大王”褚时健。1999 年 1 月，71 岁的褚时健由于经济问题锒铛入狱，2002 年，褚时健因为严重的糖尿病而获批保外就医，2011 年，正式刑满释放。在弟弟的启发下，褚时健与妻子在哀牢山种起了橙子。开始时，两位老人种植的橙子产量并不高，销量也不好，两人的经济情况相较之前辉煌的烟草事业更是有很大的区别。

在经历一段时间的亏损后，两人决定分工合作。摸索了几年之后，二人的种植事业终于走上了正轨，“励志橙”“褚橙”火遍大江南北。褚时健也在人生受挫之后再创传奇，重新致富，成为“橙王”。夫妻二人一起遇见了无数困难，但他们都一一扛了过来。

生活总是柴米油盐酱醋茶，但并非所有的经济问题都能被称为“财务逆境”。只有运用自身的判断力，判断可能造成家庭捉襟见肘的地方在何处，判断将来可能会在什么方面有大笔开支，然后基于这些判断进行投资理财，才能称为财务逆境中的判断力。

“烈士暮年，壮心不已”，经历人生挫折后的褚时健，夫妻二人联手创业，并共同判断了创业的商机，预见可以实现财务逆境的突破，成功抓住了财富的风口。

褚时健在接受采访时表示，他们有应对干旱的办法，那就是铺管道引山泉水灌溉，但如果明年雨水还多怎么办？除剪枝少肥外，他还要求作业长们不让树沟积水，及时将水排出。除灌溉方式外，同样是橙子，为什么褚橙却成了众人眼中的“励志橙”？褚时健在营销褚橙上的成功让其不再仅仅是销售食品，而是销售一种解决方案，这或许是企业所需要借鉴、学习的发展趋势。褚时健让褚橙赋予了自己突破逆境、大起大落的人生经历，在对产品进行深入分析理解的同时，定义消费群体，满足个性化的要求，用“让用户参与进来”的方式，建立起自己的营销方案，最后让褚橙走向成功。

人生总有起落，精神终可传承。褚时健不怕年纪大，他对于逆转财务逆境的目标是坚定地大步向前，这才成就了“褚橙”的神话。

第十七章 携手并肩扭转生理逆境

第一节 | 什么是生理逆境?

家庭是社会最小的基本单位。爸爸、妈妈及 / 或孩子组成一个家庭，而这个家庭每一个成员的健康与否往往决定了家庭幸福指数的高低。如果家庭成员健康出了问题，或者说遭遇了生理逆境，家庭的社会功能会大打折扣。我们这里说的生理逆境不仅仅是夫妻一方或者双方可能面对的生理逆境，还可能包括其他家庭成员（如孩子、双方父母）面临的生理逆境，包括但不限于以下几种情况。

- 一方或双方遭遇事故或身心疾病
- 孩子遭遇事故或身心疾病
- 一方或双方有酒瘾、毒瘾、赌瘾、性瘾等成瘾性问题
- 一方或双方的母亲或父亲遭遇事故或身心疾病

生理逆境带来婚姻破裂的案例不在少数。比如，王某的感情生活并不顺利，有过 3 次婚姻 5 段感情。王某曾在一次婚姻中生下儿子。儿子 11 个月的时候，王某发现他的眼睛有问题，就带着他去看医生，结果被诊断为先天性白内障，那一刻，王某有一种天塌下来的感觉。但王某是孩子的妈妈，不能放弃。为了给儿子治眼睛，王某义无反顾地辞去工作，开始了漫长的治疗之路。儿子的病就像个无底洞，没有了收入的王某很快就捉襟见肘。有一次在医院，王某看账户上没钱了，就打电话让她哥哥帮忙把房子卖了。但哥哥担

心她回来没地方住，就坚持没卖，而是另想办法帮她凑钱。就在她为儿子的病感到心力交瘁时，王某和丈夫之间的感情也出了问题，也许是儿子的病给这个家带来了太大的压力，导致两人选择离婚。

面对重大的生理逆境，如果双方没有扭转逆境的能力，或者说没有我们所说的逆商，夫妻之间的正常生活，乃至感情便会受到影响，甚至会造成家庭的解体。即使婚姻双方有很好的爱情基础，缺少逆商的支持，一旦出现生理逆境时，夫妻双方往往也难以渡过难关、维持婚姻。

第二节 ❙ 扭转生理逆境案例学习

婚姻中一方突然遭遇重大疾病的生理逆境之时，另一方不离不弃，一直陪伴的故事也不在少数，其中阎某夫妇的故事让人印象深刻。

1972 年，阎某和刘某在军区宣传队邂逅。1982 年，两人步入了婚姻殿堂，1 年后生下了女儿。但到了 1988 年，妻子被确诊乳腺癌。阎某为妻子联系好医院，她知道丈夫想要为自己放弃参加比赛时，说“你不参加比赛，我就不接受手术，你能捧一个金奖回来，就是对我最大的安慰和鼓励！”

妻子的用意，阎某全部能够理解，决赛那天，他含着眼泪唱完了歌，并拿下了民族唱法的金奖。

阎某做好了应对未来日子的准备，他必须工作。于是，他将妻子送进医院，虽然平日里演出任务多，但他一定会抽出时间来为妻子做饭煲汤。可长时间的治疗使妻子没有一点胃口，更是呕吐不断。照镜子时，刘某更是发现自己满脸憔悴，阎某看着她的眼睛深情地对她说：“不管你变成什么样子，在我心里你都是最美的。”

治疗结束后，刘某身体开始恢复，而之后两次复发，阎某也是一直在妻子身边不离不弃。时间如白驹过隙，一下就过去了 16 年。妻子在 2003 年年底去医院复查，医生惊叹连连：“她熬过了危险期，恢复得这么好，真是个奇迹啊！”两口子紧紧抱在一起，相顾无言，流下了幸福的泪。歌唱家阎某陪妻子抗击疾病，不离不弃，最终用真情创造了生命奇迹。

刘某之所以能够扛过疾病和两次复发，很大一部分原因在于丈夫阎某对她的爱和真情陪伴。如今她身体健康，夫妻之间依然恩爱如初，回想起一路走来的风风雨雨，她的心里满是甜蜜和幸福。

面对生理逆境，尽早识别是防范、逆转逆境的关键。面对乳腺癌这一生理逆境，阎某和刘某共同面对，两人没有离婚，而是选择呵护这一段婚姻。阎某在妻子患癌后，陪伴妻子度过了两次复发，升华了两人间的情感；而刘某也没有放弃，坚持和疾病做斗争。两人共同的担当成就了最后的抗癌成功，也使得两人不离不弃的婚姻成为流传的佳话。

第十八章
夫妻，是爱人，更是合伙人

第一节 | 夫妻也是合伙人

合伙具有悠久的历史，它源自人类需要合作这一事实。其实，合伙这个概念并不复杂。合伙就是指合伙人之间进行紧密的合作，由于其紧密的关系而拥有一些共同的权利和义务。

从合伙的定义可以看出，合伙人为了经营共同的事业而组合在一起便是合伙，“共同的事业”不仅包括营利行为，还包括非营利行为。

要回答夫妻是不是合伙人这个问题，我们不妨先看一看夫妻之间是否有我们上面所提及的、由合伙人所经营的“共同的事业”。

事实上，我国自从有了“家”这个概念，就已经萌生了合伙这个理念。家庭是一个重要的生产单位，家庭成员们共同劳动，得到的劳动成果也一同分享。在我国早期的一些大家庭中已存在合伙因素，他们常常对家庭财产、劳动所得的分配等作出约定。诸如徽商，就是一个很好的有关合伙的例子。徽商的资本形成方式是依靠家族内部筹资，资金利用的方式依靠家族内的血缘关系来维持。

实际上，不仅仅家（以夫妻所形成的基本单位）是合伙制，而且合伙制极有可能是通过家这个合伙形式或者更准确地说“家族共有制”所发展而来。“吾国实际上，父母子女多共同工作……因此种工作所得之财产，实具共有财产之性质。父母对之，虽有管理及使用之权，然仅以达共同生活之目的为限度。”[①] 因此，人们一般认为合伙起源于早期的“家族共有制”。

可见，夫妻所形成的婚姻关系是家庭的前提，而家庭内的共同劳动、共享收益，最直接还是反映在婚姻关系所形成的“家”这个合伙制形态上。婚姻所形成的家就是合伙，像徽商所形成的“家族共有制”更是一种合伙。

关于婚姻是否可以与合伙类比这一问题，有学者已经提出了类似的概念，如婚姻是“社会分工利用了两性区别作基础后，一个能担负抚育作用的最小单位是一男一女所组成的生活团体”；婚姻家庭是一个“亲属团体和生活单位”；婚姻是个“利益共同体”“特殊共同体”。

其实，我国原《婚姻法》（已废止，现为《民法典》婚姻家庭编）也早就吸纳了婚姻合伙理论的印迹，如我国离婚时采取的破裂原则以及法定的婚后所得夫妻共同财产制就是比较典型的例子。婚姻合伙的本质在于：配偶双方共同出资出力，共同经营，虽然他们贡献的方式不同，但配偶各方为婚姻共同的利益作出了有意义的贡献。

具体言之，婚姻合伙中，配偶各方为了婚姻的幸福各自贡献了他们的劳动，付出了他们在金钱上和非金钱上的资源。这种合作行为是离婚时平等分割婚姻财产的依据：婚姻利益是婚姻期间夫妻双方相互努力取得的，从理论上说也属于共同取得的。婚姻合伙理论的基本理念是，承认参与婚姻共同生活的夫妻各方共同创造了婚姻的利益。

总之，婚姻合伙理论和制度中夫妻合作、共享利益的理念，将深刻地影响夫妻间的生活方式和幸福程度。

第二节 ❙ 合伙思维使婚姻更幸福、更牢固

不管生活如何变化，夫妻一般会认为他们的生活是一起的，正所谓合伙保鲜爱情、铸就忠诚。在许多婚姻中，合伙理念成为配偶执行他（她）们生活计划的基础。夫妻二人不再是单独的个体，他们是婚姻的合伙人，他们得

---

① 白凯：《中国的妇女与财产 960-1949 年》，上海书店出版社 2007 年版，第 89-90 页。

为了共同的婚姻幸福一起合作努力。

人们基于爱情结合在一起，基于建立和发展家庭的目的，结为夫妻。爱情是阳春白雪的，但婚姻是充满烟火气的，所以在日常的生活中难免有着各种各样的分歧和矛盾。一段良好的婚姻总是需要夫妻双方彼此体谅，适当做出妥协和“牺牲”。如果一对夫妻总是为了家庭琐事争吵不休，互不相让，都觉得对方对自己“亏欠”太多，那么再深厚的感情也会消磨殆尽的。鉴于此，合伙作为一种有利于夫妻双方关注共同目标，共同努力奋斗的模式，便格外有利于婚姻的健康发展。钱钟书先生和杨绛先生的爱情和婚姻就是很好的例子。钱钟书和杨绛的婚姻如此美满坚固，和二人作为婚姻“合伙人”，齐心协力为家庭事业不断付出是分不开的。

婚姻合伙具有与一般民事合伙的一些共同特征，如以主体平等为先决条件；以意思自治为基础；均属出资、收益、风险为一体的“利益共同体”；以相互信赖、忠诚为纽带；以合作为手段，以共享为目的，但其自身也具有一些特殊性。

婚姻合伙与普通民事合伙最大的差异在于，婚姻合伙人之间除相互的信赖、忠诚外，还要求彼此之间相互爱慕。爱情是婚姻合伙的情感纽带。这种心理状态在一般的民事合伙人之间是不存在的，普通合伙人之间主要是基于彼此的相互信任或信赖而在一起。而爱情是维系婚姻合伙的重要情感纽带，所以婚姻合伙比一般的民事合伙更增加了一层稳定的情感。因此，如果维系婚姻的爱情消失，可能婚姻合伙就会解散。这一点在我国的司法实践中也有体现，如我国判决离婚的法定原则就是，看夫妻感情是否确已破裂。

爱情是婚姻这一合伙产生的本质原因之一，维持和增长夫妻间的爱情也是婚姻合伙的共同目标之一，若没有爱情，婚姻也就无从成立。所以婚姻合伙的基础是爱情这一情感维度。

第三节 | 婚姻合伙有更高的合伙门槛

在市场经济条件下，很多人是以利益为导向开展行动的。而在人们的行为结构中，同时存在利己主义行为和利他主义行为。所谓利他主义行为，是指一个人通过自己的付出增益他人的行为。利他主义行为主要可以分为四种类型：第一，彻底的利他主义行为。一个人牺牲自己的效用以增进他人效用的行为，这种行为不追求任何形式的回报，哪怕是精神上、心理上的满足。第二，纯粹的利他主义行为。一个人只是为追求心理上的愉悦，而对他人做出的不指望其他任何回报的转移支付。第三，指望获得某种形式回报的利他主义行为。一个人为追求名誉、赞扬等精神回报而采取的利他主义行为。第四，互惠的利他主义行为。一个人为了日后得到他人的援助、支持而采取的利他主义行为。

在上述几种利他主义行为的类型中，“家庭情感”就是一种纯粹的利他主义情感。家庭虽然是人类情感最集中的地方，但不可否认的是，家庭生活仍然会涉及经济利益，因此夫妻双方之间也存在一种互惠的利他关系，即家庭关系中既包含纯粹的利他主义行为，也包含互惠的利他主义行为，只是说，在婚姻家庭的语境下，纯粹的利他主义色彩表现得更加突出。

但在婚姻中不能因此过分强调一方对家庭的无私贡献，否则就有可能对婚姻提出过高的甚至是不切实际的要求。因为即使是婚姻家庭内传统的“男主外，女主内”的分工，也包含了互惠的利他主义行为。夫妻一方之所以愿意承担大部分的家务劳动，就是因为其对婚姻有一种信赖期待利益。婚姻合伙理论强调互惠的利他主义行为，这样既能有效地保证婚姻各方的独立利益，又能促进婚姻共同事业的发展。

婚姻并不只是涉及两个人，子女始终是家庭的重要组成分子，换言之，婚姻合伙主体是夫妻，未成年子女是婚姻合伙的纯受益人。婚姻合伙始终将保护未成年子女的最大利益作为婚姻的重要内容，在某种意义上未成年子女就是婚姻合伙的纯受益人。婚姻合伙主体限定性的特点，也就决定了婚姻合伙人只能是符合法律规定的男女双方，虽然婚姻合伙的人数只限于二人，但其已达到了合伙对于人数的标准，即二人或二人以上。婚姻合伙人数的特殊性，也反映了婚姻具有排他性。

婚姻合伙以家庭的幸福和谐作为其最终的经营目标。而要实现婚姻家庭的幸福和谐就包括许多内容，如夫妻之间共同分享情感上的快乐；婚姻合伙人共同为家庭的幸福谋求最大限度的经济上的合法利益；共同抚养未成年子女是每位父母应尽的义务，科学地培育子女可以说是每位有责任感的父母的共同心愿，可以这么说，尽最大的能力让子女健康成长是每位父母应尽的分内之责。

在合伙关系中，只有各位合伙人尽其所能履行合伙义务，合伙关系才能长久，合伙目标才能实现，商业合伙人如此，夫妻合伙人亦如此。夫妻既是爱人，也是合伙人——婚姻本质上是一种合伙契约模式，即男女双方基于爱情这一情感纽带联结在一起，以家庭为单位，共同经营家庭这一共有的合伙事业。唯有如此，婚姻才能长久、家庭才能幸福、爱情才能保鲜！

第十九章
“家庭主妇”“家庭主夫”不等同于“免费保姆”

第一节 ❙“看不见”的贡献

一、难以量化的努力

在社会工作中，劳动者承担社会劳动，会获得相应的报酬；在婚姻家庭中，为家庭生活承担较多家务劳动的一方，其家务劳动也应具有价值。社会工作的报酬都是可以量化的，但照顾家庭所作出的努力却难以量化。对于负担的家庭义务如何量化，家务劳动的价值如何计算的问题，有研究数据显示，保守估计，家务劳动潜在的价值约占 GDP 的 30%[①]。虽然家务劳动并没有为社会带来直接的经济效益，但其经济价值不可忽视。然而，目前并没有一种权威的量化方式来计算家务劳动的具体价值——家务劳动也因其琐碎、家常之特点，导致其价值既“无形”，也难以被量化。

当然，上文所说的难以被量化，这个“难”字不仅仅体现在技术层面上，更多的是体现在家务劳动的受益方“不愿意”去量化。事实上，家庭主妇或者家庭主夫可以通过配偶的进步来量化自己的努力。从事家务劳动的一方，无形中放弃了个人工作选择、能力提升等方面的机会成本，从而使其配偶可以有更多的时间和精力去获得更多的机会和利益。比如，一方承担大部分家

① 廖宇航:《家务劳动价值的估算》，载《统计与决策》2018 年第 8 期。

务劳动后，配偶常年来利用空闲时间进行学习和自我提升从而获得更多的工作机会，建立更广泛的人际关系，取得更高的职称等，最终获得更好的薪资待遇。这些其实都可以间接地用来量化家务劳动。

二、传统思想下的家庭模式

古代女子讲究“三从四德”，从教育制度、生活规则和对女性的称呼等方面，都能体现出她们的社会地位较低。比如，科举制作为平民地位攀升的渠道，却不准女性参加，学堂里也少有女性身影；婚姻中，夫妻地位也不平等，出嫁女子要以夫为纲，服从男性；而男子对妻子的称呼则为“内人”“贱内”，这些都能体现出在男权社会背景下男尊女卑的社会关系。受古代男权社会的影响，“男主外，女主内”的分工模式深入人心，似乎一个家庭中女性理所当然地要在家做家务，不能抛头露面。这直接导致大部分家庭都是男性在外工作，女性在家照顾家庭的生活模式。这种模式使女性更偏向于“家庭保姆”的角色，也让很多人认为：男人在外赚钱养家糊口，女人就应该在家相夫教子。

的确，在婚姻中承担较多家务劳动的一方，通常是女方。由于时间和精力有限，她们难以全身心地投入工作中，因此难免会丧失很多自我发展的机会。但受传统观念的影响，在家照顾家庭的一方付出的努力似乎是理所当然的。实际上，正是由于“家庭主妇”“家庭主夫”的存在，才使得配偶可以心无旁骛地发展事业，获得回报。

从社会现实来看，有些女性在家庭中仍处于弱势地位，还要承担大部分甚至全部的家务劳动，不仅如此，有的女性还是家庭暴力的受害者，社会工作歧视的对象。社会公众普遍认为，“男主外，女主内”是正常的社会现象，认为女性应当重视家庭，轻视甚至放弃职业发展，而这样的外部压力则会潜移默化地改变女性的想法，令其接受女性应当承担家务劳动的观念。女性理应照顾家庭的传统观念与女性在职场上低竞争力的社会现实，为女性构建了一个不可逃脱的怪圈——由女性承担更多地照顾子女等家务劳动的分工，限制了女性的职业发展，职业发展的不利又导致女性在家庭内部的谈判地位降低，从而不得不承担更多的家务劳动。[①] 当然，一部分“家庭主夫”也面临

① 王玮玲:《基于性别的家庭内部分工研究》，载《重庆大学学报(社会科学版)》2016 年第 5 期。

类似的困境。

在传统思想的影响下，“家庭主夫”的社会地位较低，但他们在家庭中付出的努力仍应具有相应的价值。种种现状表明，大众受传统观念的影响，对家庭内部分工规则是存有偏见的，这种偏见使得男女地位存在差异，不符合我国《民法典》婚姻家庭编倡导的夫妻地位平等、互相尊重的价值理念。①

第二节 ❙ 法律“看得见”的贡献

虽然生活中家务劳动的价值容易被忽视，但法律并没有选择视而不见。即使法律未直接规定给“家庭主妇”或“家庭主夫”支付报酬，但其设立了相关的制度对“家庭主妇”或“家庭主夫”予以补偿。我国《民法典》第1088条规定的离婚经济补偿制度为多年来献身家庭的“家庭主妇”和“家庭主夫”提供了救济途径。

离婚经济补偿制度，是指在婚姻关系存续期间，配偶一方在家务劳动等方面付出较多义务的，在离婚时有权请求另一方给予一定经济补偿的制度。②我国《民法典》第1088条规定：“夫妻一方因抚育子女、照料老年人、协助另一方工作等负担较多义务的，离婚时有权向另一方请求补偿，另一方应当给予补偿。具体办法由双方协议；协议不成的，由人民法院判决。”这一条款实际上是对家务劳动价值的认可，目的在于使承担较多家务劳动的一方在离婚时有权利获得经济补偿，以平衡双方在家庭中的利益关系。

另外，《中华人民共和国民法典婚姻家庭编继承编理解与适用》一书中提到：“婚姻中，负担较多家务义务的一方出于对婚姻前景的信赖，付出较多精力从事家务劳动，带来的就是其自我发展空间的压缩，无形中付出了个人工

---

① 我国《民法典》第1043条第2款规定：“夫妻应当互相忠实，互相尊重，互相关爱；家庭成员应当敬老爱幼，互相帮助，维护平等、和睦、文明的婚姻家庭关系。”该法第1055条规定：“夫妻在婚姻家庭中地位平等。”

② 徐静莉、王坤主编:《婚姻家庭纠纷法律实务教程》，暨南大学出版社2012年版，第165页。

作选择、收入能力等方面的机会成本。”[①]

实际上，我国的离婚经济补偿制度并非《民法典》新设立的制度，早在20年前，我国2001年修正的原《婚姻法》第40条就增设了该制度。但当时该制度以夫妻双方书面约定采用分别财产制为适用前提。[②]《民法典》取消了仅适用于分别财产制的约束，扩大了该制度的适用范围。因此，现在只要符合以下两个条件就可以请求离婚经济补偿：第一，权利人在抚育子女、照顾老年人、协助对方工作等方面承担了较多义务；第二，离婚时付出较多的一方提出了离婚经济补偿的请求。离婚经济补偿只能在离婚时提出。也就是说，只要夫妻一方能证明在家庭中付出较多家务劳动的，在离婚时就可以请求离婚经济补偿。

第三节 ▎现实执法难题：没有统一的量化标准

虽然法律规定了离婚经济补偿制度，但相关部门在执法过程中，遇到了前文提到的难题：如何量化这些经济补偿。根据《民法典》第1088条的规定，具体补偿办法由夫妻双方协议，协议不成的，由人民法院判决。

法律虽然赋予了夫妻可以约定具体补偿办法的权利，但实际上很多夫妻无法对此达成协议。由于每个家庭的情况不同，法院在审理此类案件的过程中需要综合考虑多方面的因素，才能在行使自由裁量权时对补偿数额进行确定。由于缺乏统一的标准，个案中难免会出现裁判不一的现象。以北京市房山区适用民法典新规定首次审结的离婚经济补偿案为例，陈某与王某结婚5年内多次要求离婚，在婚姻关系存续期间，妻子负责照顾老人、抚养孩子及料理家务，丈夫只负责在外工作。妻子王某提出赔偿损失共计16万元，而法院最终判决丈夫给予妻子5万元家务补偿款。对此，该案主审法官作出解释：

---

① 最高人民法院民法典贯彻实施工作领导小组主编：《中华人民共和国民法典婚姻家庭编继承编理解与适用》，人民法院出版社2020年版，第316页。

② 我国2001年修正的原《婚姻法》第40条规定：“夫妻书面约定婚姻关系存续期间所得的财产归各自所有，一方因抚育子女、照料老人、协助另一方工作等付出较多义务的，离婚时有权向另一方请求补偿，另一方应当予以补偿。”

"每个家庭都不一样，很难有统一标准。在《民法典》大框架下，这个定量主要是由法官合理合情合法地行使自由裁量权，5万元的经济补偿主要是考虑到以下因素：双方婚后共同生活的时间；女方在家务劳动中具体付出的情况；男方个人的经济收入；当地一般的生活水平。"①

5万元的补偿费在现代社会不算高，因此判决一出也让不少网友质疑：5年的付出就只值5万元吗？这是免费的保姆吗？争议不断的原因有二：一是现行法律还没有统一的劳动价值折算标准；二是家务劳动难以证明，家庭中谁会为做家务去固定证据呢？

虽然不能对家务劳动的价值进行明码标价，但如果夫妻双方能在婚前对补偿规则作出约定，则会事半功倍。但现在的困境是，大部分家庭都采用夫妻共同财产制，很少有夫妻会在婚前作出这样的财产协议。很多家庭往往不会把财产划分得一清二楚，因为人们往往会认为这样好像会伤了和气，再加上法律没有统一的家务劳动价值量化标准，导致这类案件存在很大的争议。如在周口市中级人民法院审理的陈某与张某离婚纠纷案中②，一审法院判决丈夫支付妻子经济补偿金1万元，二审法院则认为："上诉人与被上诉人共同生活近10年，上诉人为协助被上诉人工作在家照顾孩子和家庭，为家庭付出较多，根据上诉人的身体状况、收入及居住情况，确属生活困难。但原审仅判决被上诉人支付上诉人经济补偿金1万元，数额明显较低，根据当地的实际生活水平、上诉人的实际需要、被上诉人的负担能力等因素，应以被上诉人支付上诉人经济帮助费5万元为宜。"可见，不同法院对同一案件的家务劳动补偿价值存在不同的意见。

第四节 ❙"家庭主妇"和"家庭主夫"要积极主张权益

婚姻的本质是一种合伙契约模式，即男女双方基于爱情这一情感纽带，

---

① 参见：《离婚女方获5万家务补偿　专家：民法典激活家务劳动补偿制度》，载中国新闻网，https://www.chinanews.com.cn/sh/2021/02-24/9417758.shtml，最后访问日期为2021年9月27日。

② 河南省周口市中级人民法院（2020）豫16民终760号民事判决书。

以家庭为单位，共同经营家庭这一共有的合伙事业。在此我们还需要明确一个理念——和谐的家庭是以平等和相互尊重为基础的。

公平是法律追求的基本价值理念，在构建家庭和谐中处于关键地位。男性、女性无论身份背景如何，都拥有平等且独立的人格。《民法典》婚姻家庭编的初衷在于维护平等、和睦、文明的婚姻家庭关系，而和谐的家庭关系是建立在公平基础上的。男女双方一旦缔结了婚姻，就应该秉持男女平等的观念，相互尊重，平衡家庭与个人之间的利益。对于一个家庭来说，家务劳动承担者的利益与家庭的整体利益是一致的，只有夫妻之间相互尊重，平等对待，才能使家庭利益最大化。

但生活中难免会遇到夫妻分道扬镳的案例，一旦离婚大战爆发，“家庭主妇”“家庭主夫”应利用法律武器，为自己的权益据理力争。

一方面，如果夫妻双方没有签订婚前财产协议，主张权益的一方要学会善用《民法典》第 1088 条规定的离婚经济补偿制度。但该制度的使用对证据要求极高，因此在日常生活中，承担较多家务劳动的一方需具有证据意识，在生活中注意保存证据，以备不时之需。

另一方面，如果从合作的角度看待夫妻关系，签订财产协议看上去也是理所当然的。此前我们讨论过“婚姻合伙理论”，夫妻合伙、利益共享的理念不仅可以使婚姻更加幸福，也可以让婚姻关系愈加牢固。人们缔结婚姻除以满足情感慰藉为目的外，还有一个非常重要的经济因素，即为了提高生存质量而进行男女异性的合作。从一定意义上来看，夫妻不仅是共同享受生活的乐趣，更是共同经营一件极其重要又基本的事业。[①] 也就是说，夫妻之间是有合作的现实基础的。如果将夫妻关系看作合伙关系，那么在财产领域的契约自由原则便得以适用，通过协议约定离婚时的财产分割问题则是一件理所当然的事情了。

此外，在未签订婚前财产协议的情况下，及时签订离婚财产协议也为时不晚。离婚财产协议作为夫妻双方合意的约定，只要内容合法有效，双方当

① 费孝通:《乡土中国　生育制度》，北京大学出版社 1998 年版，第 27 页。转引自邹小琴:《性别关怀视角下夫妻财产法的反思与完善》，载《政法论丛》2020 年第 3 期，第 61 页。

事人都应按照离婚协议履行财产给付。

在一段婚姻关系中，契约性质的活动不在少数，如彩礼给付、家庭角色分工等。但作为契约活动的夫妻财产约定却让大部分夫妻难以启齿。在一定程度上，契约是一种良性的激励，只是人们往往只从“做生意”的角度去看待书面承诺，导致大部分家庭都不愿做出“过于生分”的契约举动。然而，从理性的角度看，设立契约不仅能鼓励夫妻双方积极履行义务，还能在平衡好契约自由与权益保护的基础上，促进婚姻关系的稳定。以离婚经济补偿为例，若一对夫妻约定好离婚经济补偿规则，确立好补偿数额，不仅会促使男性主动承担家务劳动，还会使女方感受到温暖，提升家庭的幸福感。即便最后双方的婚姻关系破裂，最终也会因协议的存在而减少“吃官司”“撕破脸”的风险。总之，婚姻是具有契约属性的，在契约自由的理念下，如果能平衡女性权益保护与契约自由之间的关系，这不仅有助于妇女权益的保护，而且还有利于促使夫妻财产关系更加明晰，婚姻关系更加和谐。

图书在版编目(CIP)数据

呵护婚姻的法商、情商和逆商 / 雷莉等著. —北京：中国法制出版社，2022.7

ISBN 978-7-5216-2642-1

Ⅰ.①呵… Ⅱ.①雷… Ⅲ.①婚姻－通俗读物 Ⅳ.①C913.13-49

中国版本图书馆CIP数据核字(2022)第066155号

策划 / 责任编辑：刘　悦（editor_liuyue@163.com）　　封面设计：汪要军

呵护婚姻的法商、情商和逆商

HEHU HUNYIN DE FASHANG、QINGSHANG HE NISHANG

著者 / 雷莉等

经销 / 新华书店

印刷 / 三河市国英印务有限公司

开本 / 710毫米×1000毫米　16开　　印张 / 14　字数 / 214千

版次 / 2022年7月第1版　　2022年7月第1次印刷

中国法制出版社出版

书号 ISBN 978-7-5216-2642-1　　定价：49.80元

北京市西城区西便门西里甲16号西便门办公区

邮政编码：100053　　传真：010-63141600

网址：http://www.zgfzs.com　　**编辑部电话：010-63141819**

市场营销部电话：010-63141612　　**印务部电话：010-63141606**

（如有印装质量问题，请与本社印务部联系。）